Klasse 7/8

Rudi Lütgeharm

Stationenlernen Erdkunde

Afrika und Asien

Individuelles Lernen

Heterogene Lerngruppen

Zusatzmaterial mit Lösungen

G M 3 E

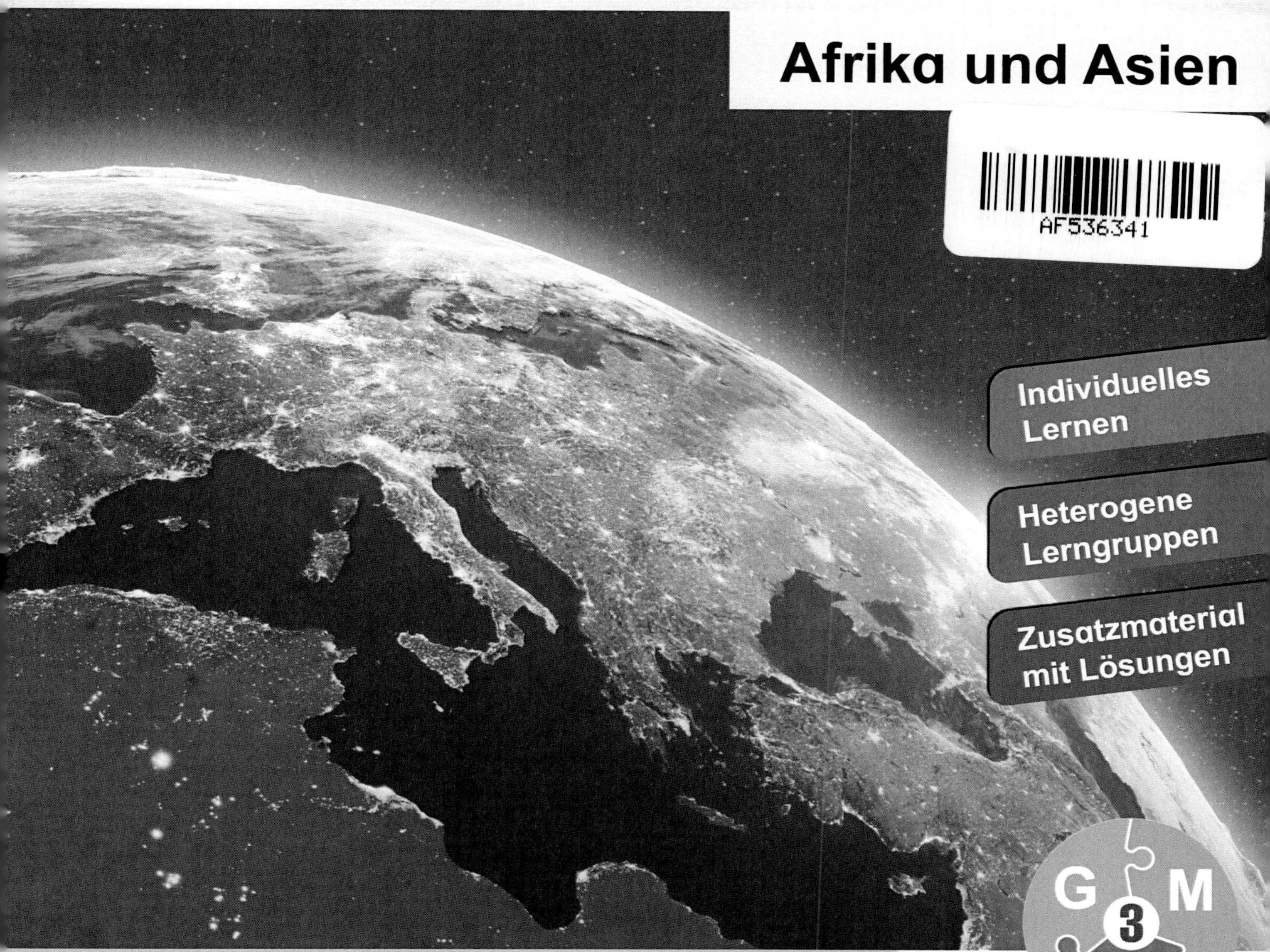

- ➡ Infotexte und Aufgaben
- ➡ Differenziert in drei Niveaustufen
- ➡ Ohne Vorarbeit sofort umsetzbar

Stationenlernen Erdkunde

Klasse 7/8

4. Auflage 2026

Inhalt: Rudi Lütgeharm
Coverbilder: © flas100, 1xpert & volondoff - AdobeStock.com
Redaktion: Kohl-Verlag
Grafik & Satz: Kohl-Verlag
Druck: farbo prepress GmbH, Köln

Bestell-Nr. 12 329

ISBN: 978-3-96624-003-1

Bildnachweise © AdobeStock.com
S. 4: Arcady; **S. 5:** brichuas; **S. 9+10:** brovarky; **S. 11:** Ramona Heim; **S. 17:** Ramona Heim; **S. 19+20:** mmmg; **S. 21+22:** Archer7; agrus; **S. 23+24:** mmmg; **S. 25:** Artalis-Kartographie; **S. 26:** khanbm52; Rechitan Sorin; smoke666; Ludovic; **S. 29+30:** Artalis-Kartographie; dlyastokiv; **S. 31:** Artalis-Kartographie; **S. 32:** Curioso Photography; Vladislav; gallas; **S. 33+34:** Artalis-Kartographie; **S. 35+36:** pbardocz; **S. 37:** Ramona Heim; **S. 39+40:** ii-graphics; **S. 41:** Olya; ii-graphics; **S. 42:** ii-graphics; **S. 43+44:** Olya; ii-graphics; iconsgraph; itsdesign; **S. 45:** photorebelle; **S. 46:** ndwarraich; kashurinr; **S.49:** «MysticaLink»; **S. 50:** Matthias Krüttgen; frenta; katoosha; Galyna Andrushko; **S. 53+54:** Artalis-Kartographie; **S.55:** brovarky; cpauschert; **S. 56+57:** brovarky; **S. 58:** Arcady; **S. 59:** i-picture; zatletic; **S. 61:** hibrida; **S. 62:** brichuas; **S. 64:** Artalis-Kartographie; **S. 65:** Archer7; Graphithèque; **S. 67:** agrus; **S. 68:** ii-graphics; **S. 69:** Ingo Kohlschein; Johannes; schame87; ArtushFoto; **S. 70:** pbardocz; **S. 71:** tynrud; Fabian; **S. 72:** homocosmicos; F.C.G.; wkbilder; Friedemeier; **S. 73:** Artalis-Kartographie; **S. 75:** bogadeva1983; **S. 76:** Deyan; cpa1; Maciej Czekajewski; Antoine Edé; Fabian; **S. 77:** a7880ss; **S.79:** peteri; **S. 80:** ii-graphics; **S. 81:** takepicsforfun; annatronova; JK Sulit; yulia1988; 06photo; Oleksandr Dibrova; **S. 82:** photorebelle; **S. 84:** Artalis-Kartographie; **S. 85:** ii-graphics; «MysticaLink»; **S. 86:** «MysticaLink»; **S. 87:** peteri; ii-graphics; **S. 88:** ii-graphics; jovannig;

Bildnachweise © wikipedia gemeinfrei
S. 12/18/38

Bildnachweise © Clipart.com
S. 19/39/53

Kontakt: Kohl-Verlag, An der Brennerei 37-45, 50170 Kerpen
Tel: +49 2275 331610, Mail: info@kohlverlag.de

Inhalt

Seite

STATIONENLERNEN ERDKUNDE
Afrika und Asien / Klasse 7-8 – Bestell-Nr. 12 329
KOHL VERLAG

Vorwort und Einführung

> *Geographie ist die Basis für die Geschichte, und die Geschichte ist nichts anderes als eine in Bewegung gesetzte Geographie der Zeiten und Völker.*
>
> Johann Gottfried Herder

Die Inhalte dieses Buches knüpfen an die Kenntnisse, Erfahrungen und an das Wissen der Schüler aus dem Erdkundeunterricht der Klassen 5/6 an und behandeln die Kernthemen der Lehrpläne Erdkunde für die Klassen 7/8.

Im Umgang mit den Themen „Deutschland und Europa“ wurden die Arbeitsweisen im Fach Erdkunde kennengelernt, die nun in der Auseinandersetzung mit den neuen Themen „Afrika und Asien“ Anwendung finden.

Aktuelle geographische und geowissenschaftliche relevante Phänomene und Prozesse wie z.B. Globalisierung[1], Klimawandel, Erdbeben, Hochwasser und Stürme, aber auch Bevölkerungsentwicklung, Migration, Disparitäten (Ungleichheit, Verschiedenheit) und Ressourcenkonflikte prägen unser Leben und unsere Gesellschaft auf dem Planeten in vielen Bereichen.[2]

Viele Schüler haben schon von den 5 größten Umweltproblemen wie Luftverschmutzung und Klimawandel, Abholzung, Artensterben, Bodenerosion und Überbevölkerung gehört und sind meistens hochsensibel für die damit verbundenen Probleme in einer globalisierten Welt.

Um die Themen besser verstehen bzw. einordnen zu können, benötigen die Schüler zunächst ein grundlegendes topographisches Orientierungswissen auf den verschiedenen Maßstabsebenen wie z.B. die Kenntnis über die Lage der Kontinente Afrika und Asien, über afrikanische/asiatische Staaten, wichtige Städte, Flüsse und Gebirge, Klima- und Vegetationszonen etc.

Damit die „Orientierung“ schneller und konkreter erfolgen kann, werden den Schülern anfangs wiederholend und vertiefend Stationen zum Umgang mit dem Gradnetz und den Zeitzonen angeboten.

Dieses Buch vermittelt grundlegendes Wissen über die Kontinente Afrika und Asien und fördert das handlungsorientierte Lernen. Die Vielfalt der Aufgabenstellungen an den jeweiligen Stationen sorgt für eine hohe Motivation und berücksichtigt die individuellen unterschiedlichen Lernvoraussetzungen der Schüler.

Viel Freude und Erfolg beim Einsatz der Stationen sowie der Bearbeitung/Lösung der Aufgaben wünschen Ihnen das Kohl-Redaktionsteam und

Rudi Lütgeharm

[1] Der Begriff „Globalisierung“ entstammt dem Wort „global“, was so viel bedeutet wie „die ganze Erde betreffend“.

[2] Deutsche Gesellschaft für Geographie e.V.: Bildungsstandards im Fach Geographie für den mittleren Schulabschluss, S. 5

Didaktisch-methodische Hinweise – Lehrplan Klasse 7/8

In der Klasse 5 wurden die Schüler mit dem neuen Fach Erdkunde vertraut gemacht und haben anschließend wichtige Begriffe, Symbole, Karten und den Umgang mit dem Atlas kennenglernt.[3]

Im Umgang mit den Themenbereichen Deutschland und Europa wurden die Arbeitsweisen im Fach Erdkunde angewendet. Die Topographie und die räumliche Orientierung sind dabei ein durchgängiges Unterrichtsprinzip, wobei das topographische Merken/Wissen möglichst nicht isoliert stehen sollte, sondern immer im größeren bzw. thematischen Zusammenhang erworben werden sollte. Auch hier werden die unterschiedlichen individuellen Voraussetzungen und Interessen der Schüler berücksichtigt.

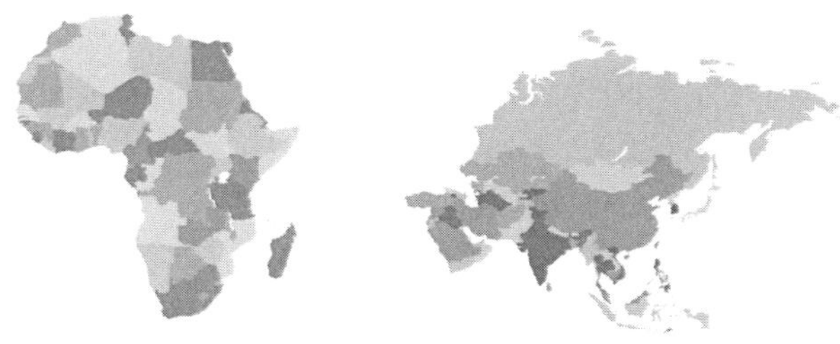

In den Klassenstufen 7 und 8 stehen die Kontinente Afrika und Asien im Mittelpunkt.

In manchen Bundesländern wird Asien erst in der 9./10. Klasse und dafür Nord-/Süd-Amerika in der 8. Klasse behandelt.

Die hier exemplarisch ausgewählten Auszüge aus dem „Lehrplan Oberschule Sachsen“ und dem „Lehrplan Gymnasium Sachsen“ machen beispielhaft deutlich, welche Themenbereiche im Erdkundeunterricht in den Schuljahrgängen 7 und 8 schwerpunktmäßig bearbeitet werden sollten.

Klasse 7[4]	
Lernbereich 1	Afrika im Überblick
Lernbereich 2	Klima und Vegetation Afrikas
Lernbereich 3	Beispiele der Raumnutzung Afrikas
Lernbereich 4	Australien und Ozeanien, Polargebiete
Lernbereich 5	Das Weltmeer

Klasse 8	
Lernbereich 1	Gradnetz und Zeitzonen der Erde
Lernbereich 2	Der Doppelkontinent Amerika im Überblick
Lernbereich 3	Beispiele der Raumnutzung des Doppelkontinents

Lehrplan Gymnasium Sachsen: Übersicht über die Lernbereiche (ohne Wahlbereiche)

Klasse 7[5]	
Lernbereich 1	Bewegung und Aufbau der Erde
Lernbereich 2	Afrika im Überblick
Lernbereich 3	Klima und Vegetation Afrikas
Lernbereich 4	Afrika südlich der Sahara
Lernbereich 5	Arabischer Raum

Klasse 8[6]	
Lernbereich 1	Asien im Überblick
Lernbereich 2	Indien
Lernbereich 3	Volksrepublik China
Lernbereich 4	Der asiatisch-pazifische Wirtschaftsraum

[3] Stationenlernen Erdkunde – 5./6. Schuljahr, Kohl-Verlag, Kerpen 2019
[4] Staatsministerium für Kultus – Freistaat Sachsen: Lehrplan Oberschule – Geographie Klasse 7/8 – S.5
[5] Staatsministerium für Kultus – Freistaat Sachsen: Lehrplan Gymnasium – Geographie Klasse 7 – S.4
[6] Staatsministerium für Kultus – Freistaat Sachsen: Lehrplan Gymnasium – Geographie Klasse 8 – S.5

Didaktisch-methodische Hinweise – Lehrplan Kl. 7/8

Unter Berücksichtigung der länderübergreifend in den Lehrplänen genannten Kernthemen/inhaltlichen Schwerpunkten für die Klassen 7/8 werden in diesem Buch folgende Themenbereiche anschaulich dargestellt und mit motivierenden Aufgaben in Form des Stationenlernens den Schülern angeboten.

Themen Klasse 7	Themen Klasse 8
Funktion und Aufbau des Gradnetzes Lagebestimmungen einzelner Orte und Räume Einteilung der Erde in Zeitzonen	
„Afrika auf einen Blick“ Name, koloniale Vergangenheit, Lage, Größe und Gliederung	**„Asien auf einen Blick“** Name, Lage, Größe und Gliederung
Staaten Afrikas, Hauptstädte, Lage, Fläche, Einwohner	Staaten Asiens, Hauptstädte, Lage, Fläche, Einwohner
Großlandschaften in Afrika: Gebirge, Halbwüsten, Wüsten, Savannen, Regenwald	Großlandschaften in Asien: Gebirge, Halbwüsten, Wüsten, Savannen, Regenwald
Flüsse und Seen in Afrika	Flüsse und Seen in Asien
Klima und Vegetation	Klima und Vegetation

In der Auseinandersetzung mit den aufgeführten Themen erwerben die Schüler ein topographisches Grundwissen und werden in die Lage versetzt, sich auch in außereuropäischen Regionen zu orientieren. Darüber hinaus werden ihnen geographische Kenntnisse über Regionen, Staaten und Staatengruppen auf anderen Kontinenten vermittelt und damit Grundlagen in einer immer stärker verflochtenen (globalisierten) Welt geschaffen.

Vorkenntnisse der Schüler

Die Komplexität der jeweiligen Themenbereiche macht es notwendig, dass der Fachlehrer die unterschiedlichen Vorkenntnisse der Schüler „im Auge“ behält. Manche Begriffe, Informationen und Fakten sind den Schülern aus Zeitschriften, aus Nachrichten, aus Rundfunk und Fernsehen und natürlich dem Internet bekannt. Äußerungen wie „habe ich schon mal gehört“ – „habe ich schon mal gesehen“ werden häufig ausgesprochen, wobei es natürlich offen bleibt, inwieweit diese Informationen und Kenntnisse vertieft worden sind.

Von den meisten Schülern wird Afrika heute mit Flucht und Migration in Verbindung gebracht. Manche Schüler bringen aber auch praktische Vorerfahrungen aufgrund eines Urlaubs mit den Eltern in Afrika mit. Die Schüler kennen viele Produkte wie Computer, Handy und Auto aus asiatischen Ländern (Japan, China, Südkorea, Singapur etc.). Aktuell sind vielen Schülern aber auch die Proteste in Hongkong und auch China als Land mit der größten Bevölkerung bekannt.

Im Umgang mit Karten, Schaubildern, Diagrammen, kommunikationstechnologischen Medien und Texten wird den Schülern erdkunderelevantes Fachwissen vermittelt. Sie lernen sich räumlich zu orientieren und werden befähigt, Erkenntnisse zu gewinnen. Die Übungen mit den kleinschrittig aufgebauten Stationen in diesem Buch werden die oben genannten Punkte unterstützen.

Hinweise zum Einsatz des Buches

Die Inhalte und Aufgaben der einzelnen Stationen in diesem Buch decken die Kernthemen der Lehrpläne im Fach Erdkunde für die Klassen 7/8 ab. Die Vielfalt der Aufgaben und der damit verbundenen unterschiedlichen Lösungswege machen ein erfolgreiches Lernen und Üben möglich. Zahlreiche Angebote zur Binnendifferenzierung ermöglichen es, auch Schüler heterogener Lerngruppen zur Mitarbeit zu motivieren. Die hier vorgestellten Stationen und Materialien sind auch für fachfremd unterrichtende Lehrer geeignet.

- Stationenlernen ist handlungsorientiert und fördert das selbstständige Lernen und Üben eines jeden Schülers – die Schüler sind hochmotiviert.
- Gleichzeitig werden geographische Arbeitsweisen geübt und inhaltliche Lernziele erreicht.
- Gerade im Fach Erdkunde kann das Stationenlernen gut eingesetzt werden, weil die ausgewählten Themen durch die Gestaltung der Stationen interessant und auch leistungsgerecht formuliert werden können.

Hinweise und Tipps zum Stationenlernen

- Die Aufgabenstellungen sind überschaubar (innerhalb von 20-30 min zu bearbeiten) und ihre Lösbarkeit für den Schüler einsehbar.
- Lernfortschritte ergeben sich durch die Abfolge der Stationen. Jede Aufgabe stellt nur einen Mosaikstein (einen Ausschnitt) des Gesamten dar.
- Kleinschrittiges Lernen ist für das Stationenlernen charakteristisch.
- Die Reihenfolge der Stationen ist in der Regel nicht verbindlich festgelegt.
- Zu jeder Station liegen die Aufgaben schriftlich vor, Hilfsmittel (Atlas etc.) werden genannt.
- Die Auswertung/Kontrolle an der jeweiligen Station folgt gleich nach der Bearbeitung der Aufgaben.
- Normalerweise bearbeitet jeder Schüler die Aufgaben an seinem Pult. Es ist aber auch möglich in Kleingruppen (3-4 Schüler) zu arbeiten (Platzangebot berücksichtigen).
- Der Lehrer beaufsichtigt das Stationenlernen und unterstützt evtl. durch Hilfen, wenn es erforderlich ist.
- Die bearbeiteten Stationen werden vom Schüler (evtl. auch vom Lehrer) auf dem Stationen-Laufzettel eingetragen.
- Das Blatt mit den bearbeiteten Aufgaben heftet jeder Schüler in seiner Erdkunde-Mappe ab, dadurch ergibt sich ein Gesamtbild über die behandelten Themen/Kapitel.
- Die einzelnen Kapitel mit den thematischen Schwerpunkten „Gradnetz“ – „Zeitzonen“ – Afrika und Asien werden in Form von Stationen anschaulich und schülergerecht dargestellt und durch die Infoblätter (ab Seite 55) informativ erläutert.
- Jede Station weist leicht verständliche Aufgabenstellungen auf und bietet Differenzierungsmöglichkeiten. Abbildungen, Karten und Skizzen wirken sich motivierend auf die Schüler aus und bieten Unterstützung.
- Die Fragen können unter Einsatz des Atlas, des Schulbuches, des Internets und natürlich mithilfe dieses Buches und der Infoblätter (ab Seite 55) beantwortet werden.

Die sich unmittelbar anschließenden Lösungen auf der Rückseite der jeweiligen Station unterstützen das selbstständige Lernen und Üben und ermöglichen dem Schüler ein sofortiges Feedback.

- In der Regel sind die Stationen ohne große Vorarbeit im Unterricht einsetzbar.
- Die Stationen weisen keine fortlaufende Nummerierung auf, um einen flexiblen Einsatz zu ermöglichen und auch dem unterschiedlichen Vorwissen der Schüler gerecht zu werden.
- Grundsätzlich ist es ratsam, Kapitel für Kapitel zu erarbeiten und gleich im Anschluss die Aufgaben der jeweiligen Station zu bearbeiten.
- Die Stationen können in Einzel-, Partner- oder Kleingruppen-Arbeit bearbeitet werden.

Die Aufgabenstellungen bieten Möglichkeiten der Differenzierung

Grundlegendes Niveau:	Die Aufgaben sollten grundsätzlich von allen Schülern bearbeitet werden.
Mittleres Niveau:	Die Aufgaben bieten zusätzliche Möglichkeiten und höhere Anforderungen.
Erweitertes Niveau:	Die Aufgaben beinhalten vertiefende und weiterführende Inhalte.

 Grundlegendes Niveau  Mittleres Niveau  Erweitertes Niveau

Die Zuordnung zu einer Schwierigkeitsstufe beruht auf eigenen Erfahrungen und ist nur ein Vorschlag, den der „Lehrer vor Ort“ unter Berücksichtigung seiner Klasse anders vornehmen kann.

Lösungen

Die Lösungen der Aufgaben folgen grundsätzlich immer auf der Rückseite, sodass eine Korrektur schnell erfolgen kann. Die Korrektur kann vom Schüler selbst, vom Partner, einem anderen Mitschüler oder natürlich auch vom Lehrer vorgenommen werden.

Übersicht über die Stationen

Gradnetz			
Aufgaben-Nr.	*Stationsname*	*Niveau*	*Seite*
1+2	Übungen mit dem Gradnetz (1)	⊙⊙	9-10
1+2+3	Übungen mit dem Gradnetz (2)	! !✶	11-12

Zeitzonen			
Aufgaben-Nr.	*Stationsname*	*Niveau*	*Seite*
1+2+3	Begriffe und Städte zuordnen	⊙!✶	13-14
1+2+3+4	Aktuelle Zeiten ausrechnen	!✶ ✶!	15-16

Afrika im Überblick			
Aufgaben-Nr.	*Stationsname*	*Niveau*	*Seite*
1+2	Afrika „auf einen Blick“	⊙!	17-18
1+2	Puzzle und Mittelmeerländer	⊙⊙	19-20
1+2+3	Lage, Länder, Hauptstädte, Fläche, Einwohner (1)	⊙!✶	21-22
1+2+3+4	Lage, Länder, Hauptstädte, Fläche, Einwohner (2)	!✶!!	23-24
1	Oberflächengestalt – Gebirge und Berge (1)	!	25-26
1+2	Oberflächengestalt – Gebirge und Berge (2)	! !	27-28
1+2	Flüsse und Seen (1)	⊙!	29-30
1	Flüsse und Seen (2)	!	31-32
1+2+3	Flüsse und Seen (3)	! !✶	33-34
1+2	Klimazonen	!✶	35-36

Asien im Überblick			
Aufgaben-Nr.	*Stationsname*	*Niveau*	*Seite*
1+2	Asien „auf einen Blick“	⊙⊙	37-38
1+2	Puzzle und Golf von Bengalen	! !	39-40
1+2+3	Lage, Länder, Hauptstädte, Fläche, Einwohner (1)	! ! !	41-42
1+2+3	Lage, Länder, Hauptstädte, Fläche, Einwohner (2)	! !✶	43-44
1+2	Oberflächengestalt – Hochebenen, Gebirge, Berge (1)	!✶	45-46
1+2+3	Oberflächengestalt – Hochebenen, Gebirge, Berge (2)	! ! !	47-48
1+2	Flüsse und Seen (1)	!✶	49-50
1+2+3	Flüsse und Seen (2)	! !✶	51-52
1+2+3	Klimazonen	⊙!✶	53-54

Station

⊙⊙ **Gradnetz**

Übungen mit dem Gradnetz (1)

Aufgabe 1: *Füge die folgenden Begriffe an der richtigen Stelle in die Kästen ein.*

westlicher Längengrad – Nullmeridian – nördlicher Breitengrad – westliche Halbkugel – Nordhalbkugel – Äquator – Südhalbkugel – südlicher Breitengrad – östlicher Längengrad – östliche Halbkugel

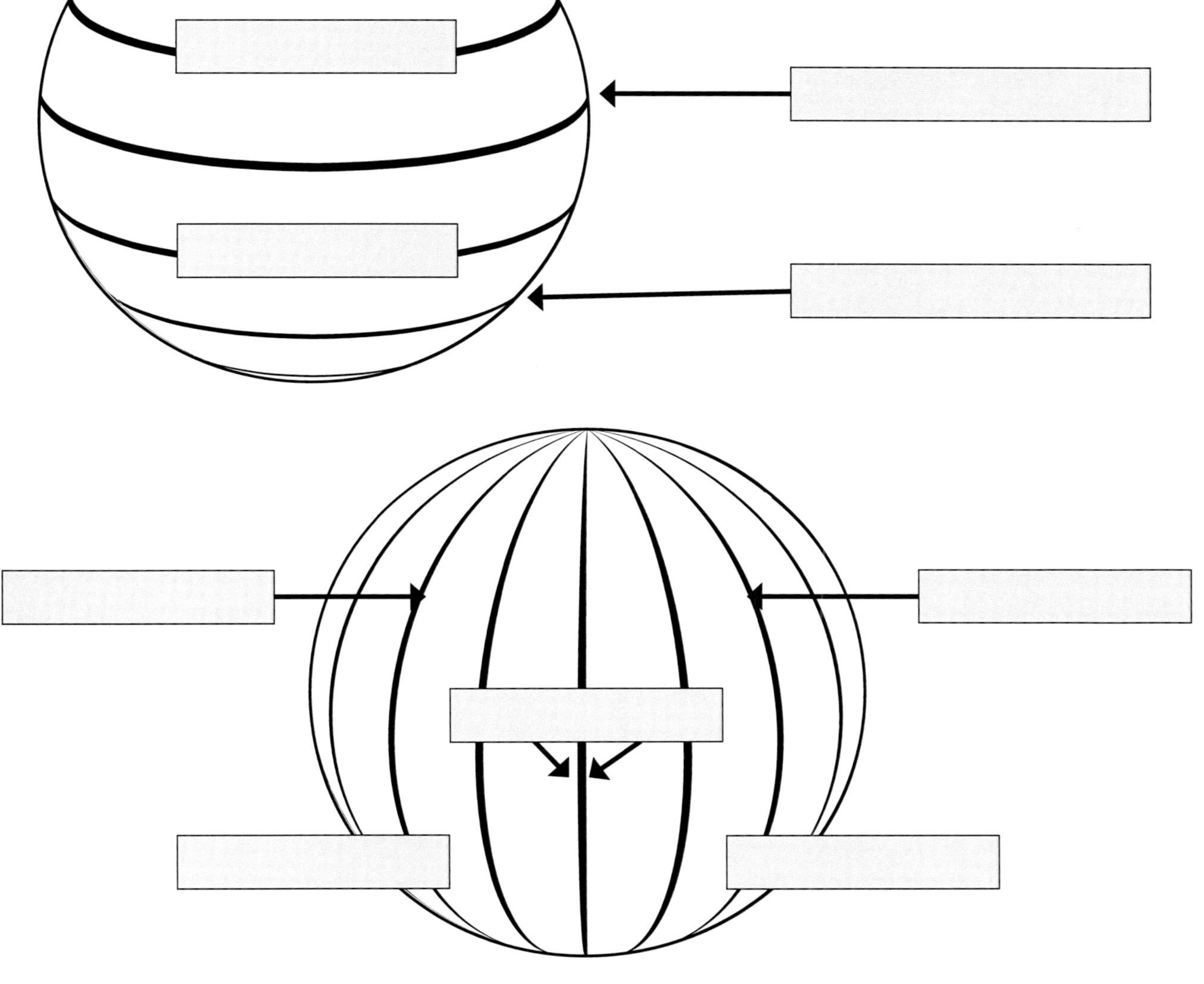

Aufgabe 2: *Bestimme die Lage der Kontinente.*

Die Kontinente ____________ und _________________ liegen mit ihrer gesamten Landfläche östlich vom Null-Meridian. Der Kontinent ________________ liegt mit seiner gesamten Landfläche südlich vom Äquator, fast genauso der Kontinent _________________. Das größte Land der Erde zwischen dem Äquator und 20° südlicher Breite ist _____________.

KOHL VERLAG STATIONENLERNEN ERDKUNDE Afrika und Asien / Klasse 7-8 – Bestell-Nr. 12 329

Station

Gradnetz

Übungen mit dem Gradnetz (1)

Lösungen

Aufgabe 1:

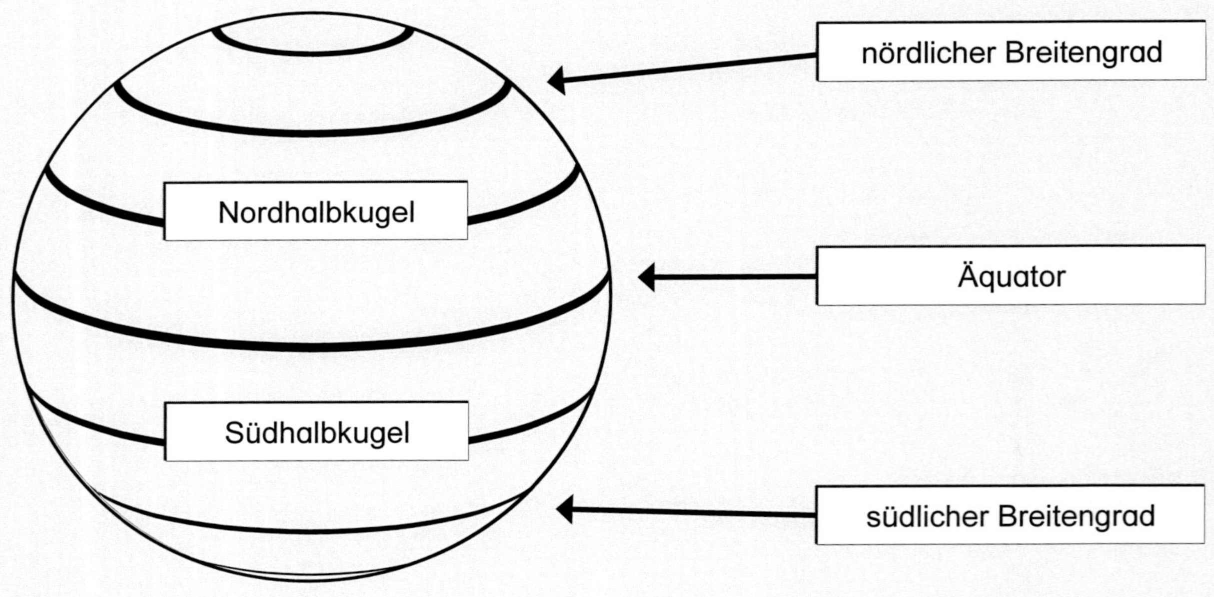

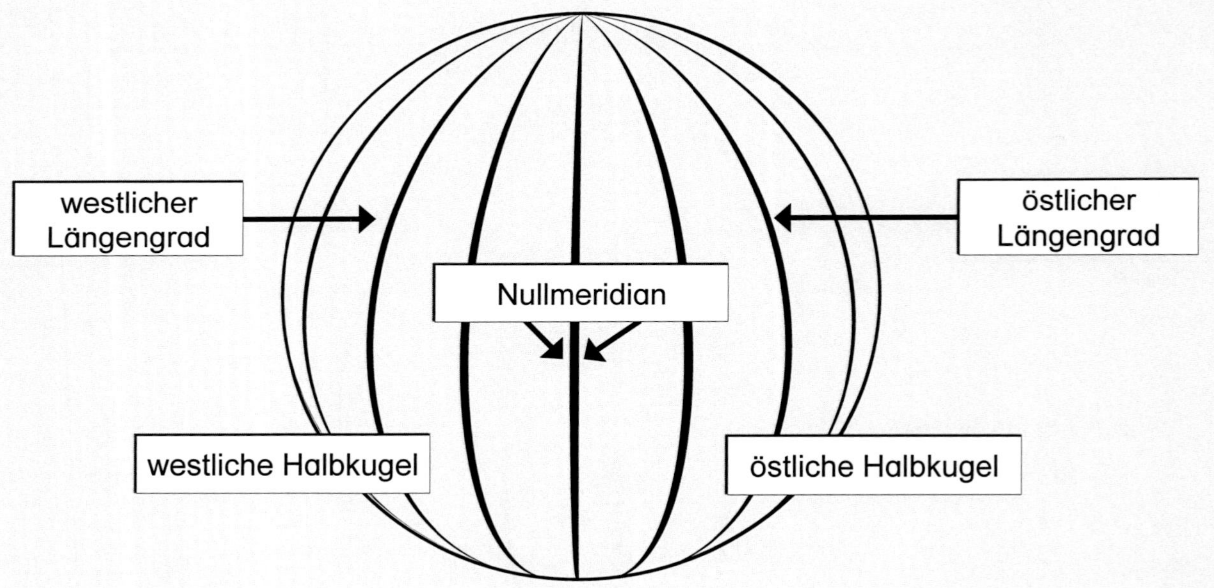

Aufgabe 2: Bestimme die Lage der Kontinente.

Die Kontinente Asien und Australien liegen mit ihrer gesamten Landfläche östlich vom Null-Meridian. Der Kontinent Australien liegt mit seiner gesamten Landfläche südlich vom Äquator, fast genauso der Kontinent Südamerika. Das größte Land der Erde zwischen dem Äquator und 20° südlicher Breite ist Brasilien.

Station

!!✶ **Gradnetz**

Übungen mit dem Gradnetz (2)

Aufgabe 1: *Wo liegen Afrika und Asien im Gradnetz?*

	von Norden	bis Süden
Afrika		
	von Westen	bis Osten

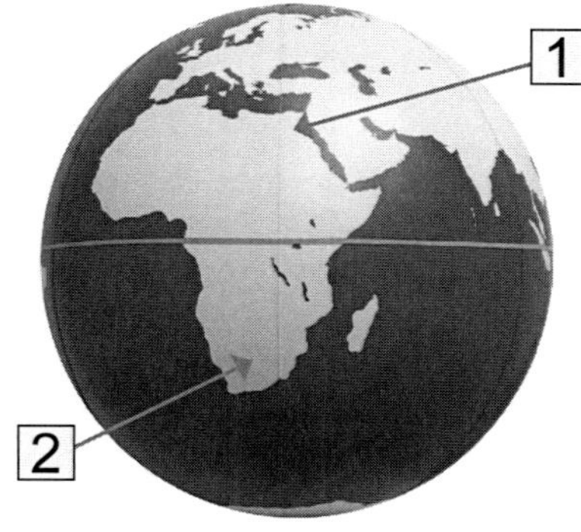

	von Norden	bis Süden
Asien		
	von Westen	bis Osten

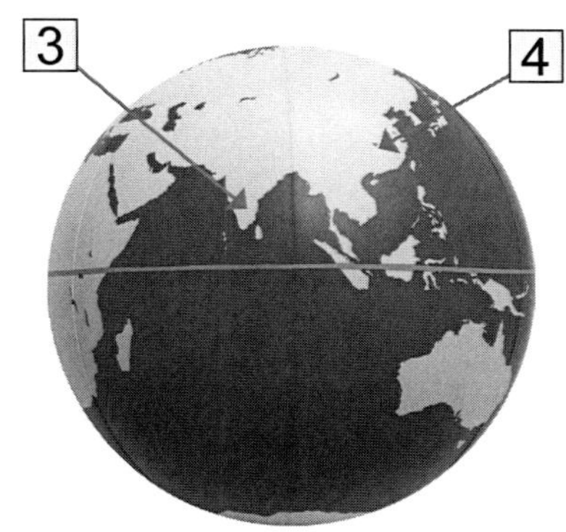

Aufgabe 2: *Bestimme Länder mit bestimmter Lage.*

a) Welche Länder Afrikas berührt der Äquator?

____

b) Welche Länder Asiens berührt der Äquator?

____

c) Nenne die Namen der Länder 1 – 4 !

____

Aufgabe 3: *Wende Breiten- und Längenkreise konkret an.*

a) Durch welche europäischen Länder verläuft der 40. nördliche Breitengrad?

____

b) Durch welche asiatischen Länder verläuft der 20. nördliche Breitengrad?

____

c) Durch welche europäischen Länder verläuft der Null-Meridian?

____

d) Durch welche afrikanischen Länder verläuft der 20. südliche Breitengrad?

____

e) Durch welche Länder verläuft der 80. östliche Längengrad?

____

KOHL VERLAG STATIONENLERNEN ERDKUNDE Afrika und Asien / Klasse 7-8 – Bestell-Nr. 12 329

Station

Übungen mit dem Gradnetz (2)

Gradnetz

Lösungen

Aufgabe 1:

	von Norden	bis Süden
Afrika	39° nördlicher Breite	38° südlicher Breite
	von Westen	bis Osten
	18° westlicher Länge	51° östlicher Länge

	von Norden	bis Süden
Asien	80° nördlicher Breite	10° südlicher Breite
	von Westen	bis Osten
	35° östlicher Länge	170° östlicher Länge

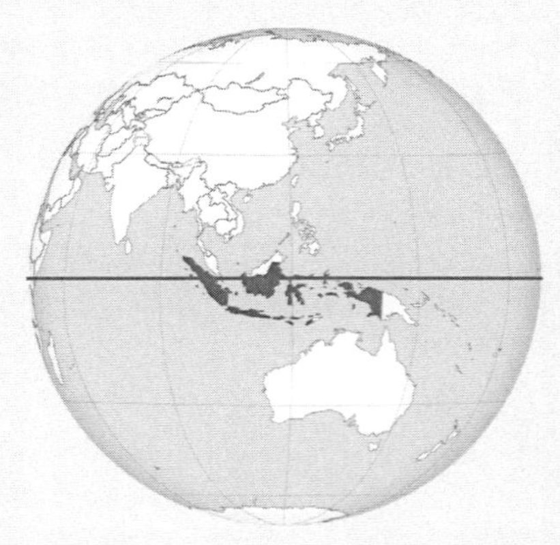

Aufgabe 2: **a)** Gabun, Kongo, Demokratische Republik Kongo, Uganda, Kenia, Somalia

b) Indonesien

c) 1 = Ägypten, 2 = Südafrika, 3 = Indien, 4 = China

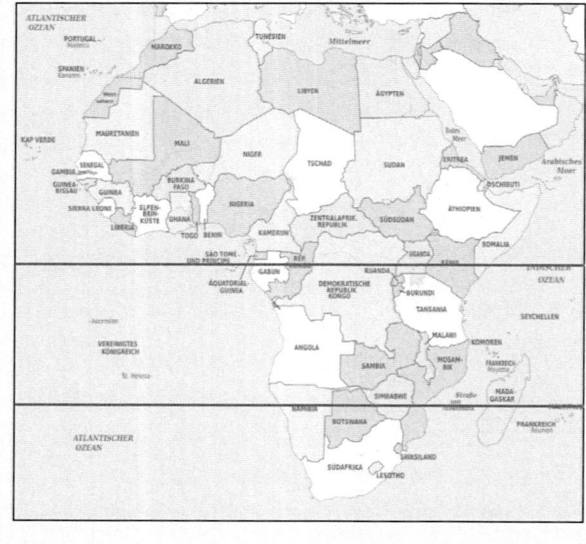

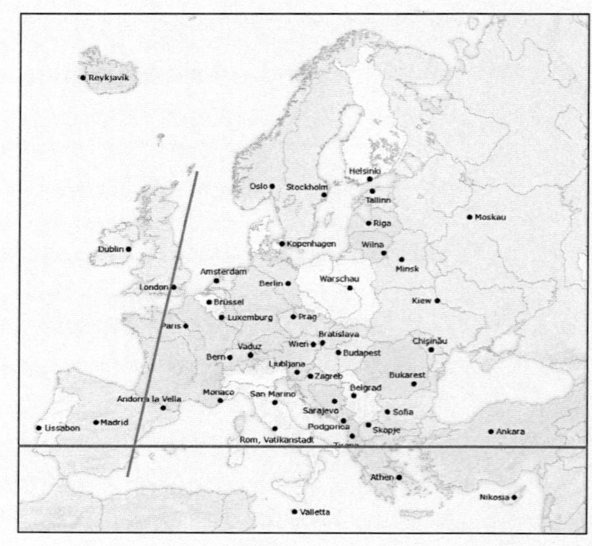

Aufgabe 3: **a)** Portugal, Spanien, Italien, Griechenland, Türkei, Armenien, Aserbaidschan

b) Saudi-Arabien, Oman, Indien, Myanmar, Thailand, Laos, Vietnam

c) Vereinigtes Königreich, Frankreich, Spanien

d) Namibia, Botswana, Zimbabwe, Mosambik, (Madagaskar)

e) Russland, Kasachstan, China, Indien, (Sri Lanka)

Station

⊙!✶ **Zeitzonen**

Begriffe und Städte zuordnen

Aufgabe 1: *Verbinde die linken mit den rechten Seiten zu kompletten Sätzen.*

Früher besaß jeder Ort seine eigene Uhrzeit,	ist der Weltzeit um eine Stunde voraus, MEZ = UTC + 1.
Wenn man von einem Ort in einen anderen reiste,	umfassen theoretisch jeweils 15° geographischer Länge.
Beim Wechsel von einer Zeitzone in eine benachbarte Zeitzone	die sich ausschließlich nach der Sonne richtete.
Unsere Zeitzone CET/MEZ (Central European Time)	von 7,5° westlicher Länge bis 7,5° östlicher Länge.
Die 24 Zeitzonen der Erde	wurde die Erde in 24 Zeitzonen aufgeteilt.
Die Westeuropäische Zeit (WEZ) erstreckt sich	von Sir Sandford Fleming vorgeschlagen.
Die Einteilung in Zeitzonen wurde erstmals	verschiebt sich die festgelegte Zeit um eine Stunde.
Auf der Internationalen Meridian Konferenz 1884 in Washington DC	orientierte man sich immer an der Zeit des jeweiligen aktuellen Standortes.

Aufgabe 2: *In jeder Zeitzone ist ein falsches Land. Streiche es durch.*

WEZ		MEZ		OEZ		MSK
Färöer Dänemark	Groß-britannien Portugal	Österreich Irland	Deutschland Belgien	Griechenland Weißrussland	Rumänien Litauen	Finnland Europ. Russland

Aufgabe 3: *Schreibe eine andere große Stadt daneben, die in der gleichen Zeitzone liegt.*

Wien		Khartum		Manila	
Nairobi		Windhuk		Ottawa	

STATIONENLERNEN ERDKUNDE Afrika und Asien / Klasse 7-8 – Bestell-Nr. 12 329
KOHL VERLAG

Station

Zeitzonen

Begriffe und Städte zuordnen

Lösungen

Aufgabe 1:

Früher besaß jeder Ort seine eigene Uhrzeit,	ist der Weltzeit um eine Stunde voraus, MEZ = UTC + 1.
Wenn man von einem Ort in einen anderen reiste,	umfassen theoretisch jeweils 15° geographischer Länge.
Beim Wechsel von einer Zeitzone in eine benachbarte Zeitzone	die sich ausschließlich nach der Sonne richtete.
Unsere Zeitzone CET/MEZ (Central European Time)	von 7,5° westlicher Länge bis 7,5° östlicher Länge.
Die 24 Zeitzonen der Erde	wurde die Erde in 24 Zeitzonen aufgeteilt.
Die Westeuropäische Zeit (WEZ) erstreckt sich	von Sir Sandford Fleming vorgeschlagen.
Die Einteilung in Zeitzonen wurde erstmals	verschiebt sich die festgelegte Zeit um eine Stunde.
Auf der Internationalen Meridian Konferenz 1884 in Washington DC	orientierte man sich immer an der Zeit des jeweiligen aktuellen Standortes.

Aufgabe 2: In jeder Zeitzone ist ein falsches Land. Streiche es durch.

WEZ		MEZ		OEZ		MSK
Färöer ~~Dänemark~~	Großbritannien Portugal	Österreich ~~Irland~~	Deutschland Belgien	Griechenland ~~Weißrussland~~	Rumänien Litauen	~~Finnland~~ Europ. Russland

Aufgabe 3: Schreibe eine andere große Stadt daneben, die in der gleichen Zeitzone liegt.

Wien	Berlin
Nairobi	Moskau

Khartum	Kairo
Windhuk	Johannesburg

Manila	Peking
Ottawa	New York

Station

!✶✶! **Zeitzonen**

Aktuelle Zeiten ausrechnen

Aufgabe 1: *Das Fußballspiel Italien gegen Brasilien beginnt in Rom um 20.00 Uhr. Es wird direkt live in viele Länder übertragen. Wie spät ist es zu diesem Zeitpunkt in diesen Städten?*

Ort	Ortszeit	Tag
Rom	20.00 Uhr	Mittwoch
Tokio		
Rio de Janeiro		
Moskau		
London		

Aufgabe 2: *Wie groß ist die Zeitverschiebung zwischen …*

London + Moskau	
New York + San Francisco	
Frankfurt + Kairo	
Algier + Peking	

Hong Kong + Warschau	
München + Tokio	
Lissabon + Dakar	
Johannesburg + Madrid	

Aufgabe 3: *In den Flugplänen werden immer die Ortszeiten des Start- und Landeflughafens angegeben. Wie lange dauert der Flug wirklich?*

Abflugzeit		Ankunftzeit		Korrektur	Echte Flugzeit
München	22.30	Sao Paulo	05.55		
Köln	16.15	Tunis	21.00		
London	10.00	New York	11.20		
Hamburg	Mo 12.00	Bangkok	Di 06.25		
Moskau	Fr 07.30	Tokio	Sa 03.00		

Aufgabe 4: *Zur selben Zeit ist es in … , in … , in … Ergänze die fehlenden Zeitangaben.*

London	12:22	New York		Singapore		Hong-Kong	
Frankfurt	13:25	Tokio		Sydney		Sao Paulo	
Nairobi	16:09	München		Algier		Kapstadt	
Brüssel		Algier	14:23	Seoul		Rabat	

Station

Aktuelle Zeiten ausrechnen

Zeitzonen

Lösungen

Aufgabe 1:

Ort	Ortszeit	Tag
Rom	20.00 Uhr	Mittwoch
Tokio	04.00 Uhr	Donnerstag
Rio de Janeiro	16.00 Uhr	Mittwoch
Moskau	23.00 Uhr	Mittwoch
London	18.00 Uhr	Mittwoch

Aufgabe 2:

London + Moskau	3 Stunden
New York + San Francisco	3 Stunden
Frankfurt + Kairo	1 Stunde
Algier + Peking	7 Stunden

Hong Kong + Warschau	7 Stunden
München + Tokio	8 Stunden
Lissabon + Dakar	0 Stunden
Johannesburg + Madrid	1 Stunde

Aufgabe 3:

Abflugzeit		Ankunftzeit		Korrektur	Echte Flugzeit
München	22.30	Sao Paulo	05.55	+ 4	11h 25 min
Köln	16.15	Tunis	21.00	+-0	4h 45 min
London	10.00	New York	11.20	+ 6	07.20 min
Hamburg	Mo 12.00	Bangkok	Di 06.25	- 6	12h 25 min
Moskau	Fr 07.30	Tokio	Sa 03.00	- 6	13h 30min

Aufgabe 4:

London	12:22	New York	07:22	Singapore	20:22	Hong-Kong	20:22
Frankfurt	13:25	Tokio	21:25	Sydney	23:25	Sao Paulo	09:25
Nairobi	16:09	München	14:09	Algier	14:09	Kapstadt	13:09
Brüssel	14:23	Algier	14:23	Seoul	22:23	Rabat	13:23

Station

⊙!

Afrika im Überblick

Afrika „auf einen Blick“

Aufgabe 1: *Verbinde die Begriffe mit den Zahlen, die Buchstaben ergeben das Lösungswort (ältester Nationalpark in Tansania).*

1	Algerien		T	5.895 M
2	Nil		I	7.000 km
3	Kapstadt		G	8.000 km
4	Viktoria See		N	181,5 Mio.
5	Nigeria		E	68.870 km²
6	Nord-Süd		S	2,38 Mio. km²
7	Luanda		E	7,77 Mio.
8	Kilimandscharo		E	6.671 km
9	Ost-West		R	4,43 Mio.

Lösung: | | | | | | | | | |

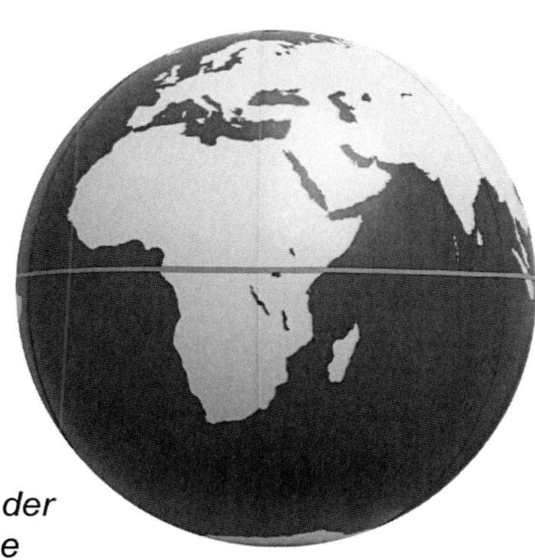

Aufgabe 2: *Durch welche afrikanischen Länder verläuft der Äquator? Ordne die Länder nach ihrer Größe und nenne ihre Hauptstadt.*

	Land	Hauptstadt
1		
2		
3		
4		
5		
6		

STATIONENLERNEN ERDKUNDE
Afrika und Asien / Klasse 7-8 – Bestell-Nr. 12 329
KOHL VERLAG

Station

Afrika „auf einen Blick“

Afrika im Überblick

Lösungen

Aufgabe 1: *Beantworte die Fragen:*

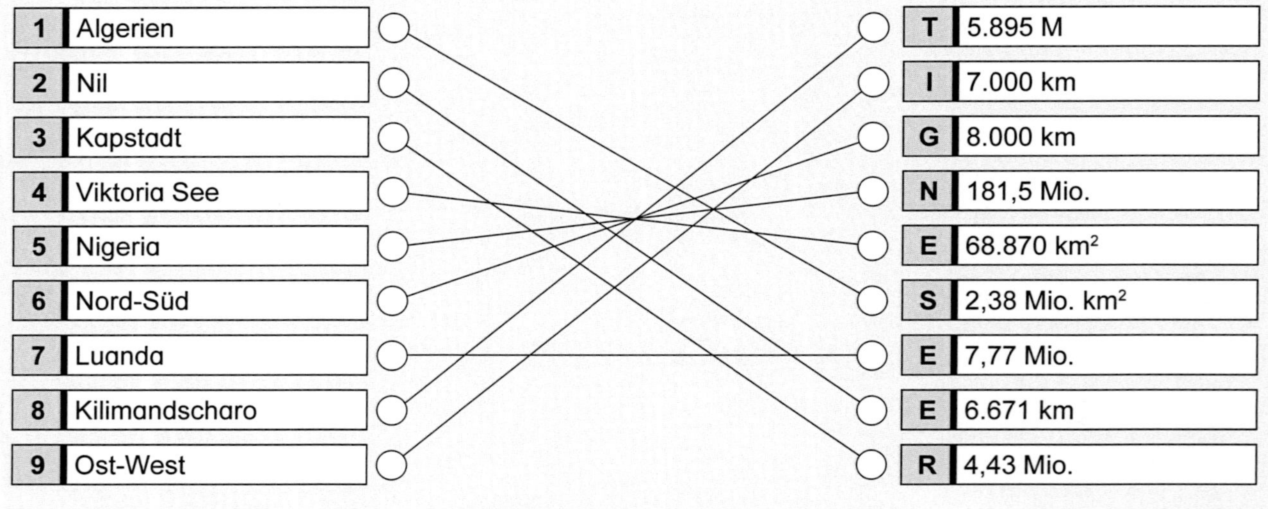

Lösung:

S	E	R	E	N	G	E	T	I

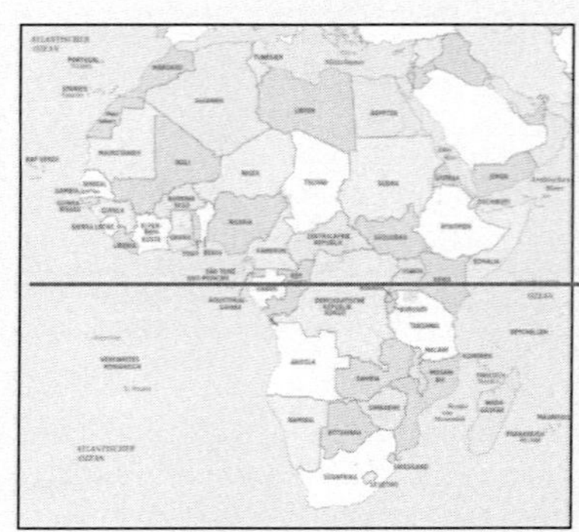

Aufgabe 2: Durch welche afrikanischen Länder verläuft der Äquator? Ordne die Länder nach ihrer Größe und nenne ihre Hauptstadt.

	Land	Hauptstadt
1	Demokratische Republik Kongo	Kinshasa
2	Somalia	Mogadischu
3	Kenia	Nairobi
4	Kongo	Brazzaville
5	Gabun	Libreville
6	Uganda	Kampala

Station

⊙⊙ **Afrika im Überblick**

Puzzle und Mittelmeerländer

Aufgabe 1: *Nenne alle Länder, die am Mittelmeer liegen, und ihre Hauptstädte.*

____

____

____

____

Aufgabe 2: *Füge die Puzzleteile zu einem Gesamtbild zusammen.*

STATIONENLERNEN ERDKUNDE
Afrika und Asien / Klasse 7-8 – Bestell-Nr. 12 329

Station

Puzzle und Mittelmeerländer

Afrika im Überblick

Lösungen

Aufgabe 1: *Marokko (Rabat), Algerien (Algier), Tunesien (Tunis), Libyen (Tripolis), Ägypten (Kairo)*

Aufgabe 2:

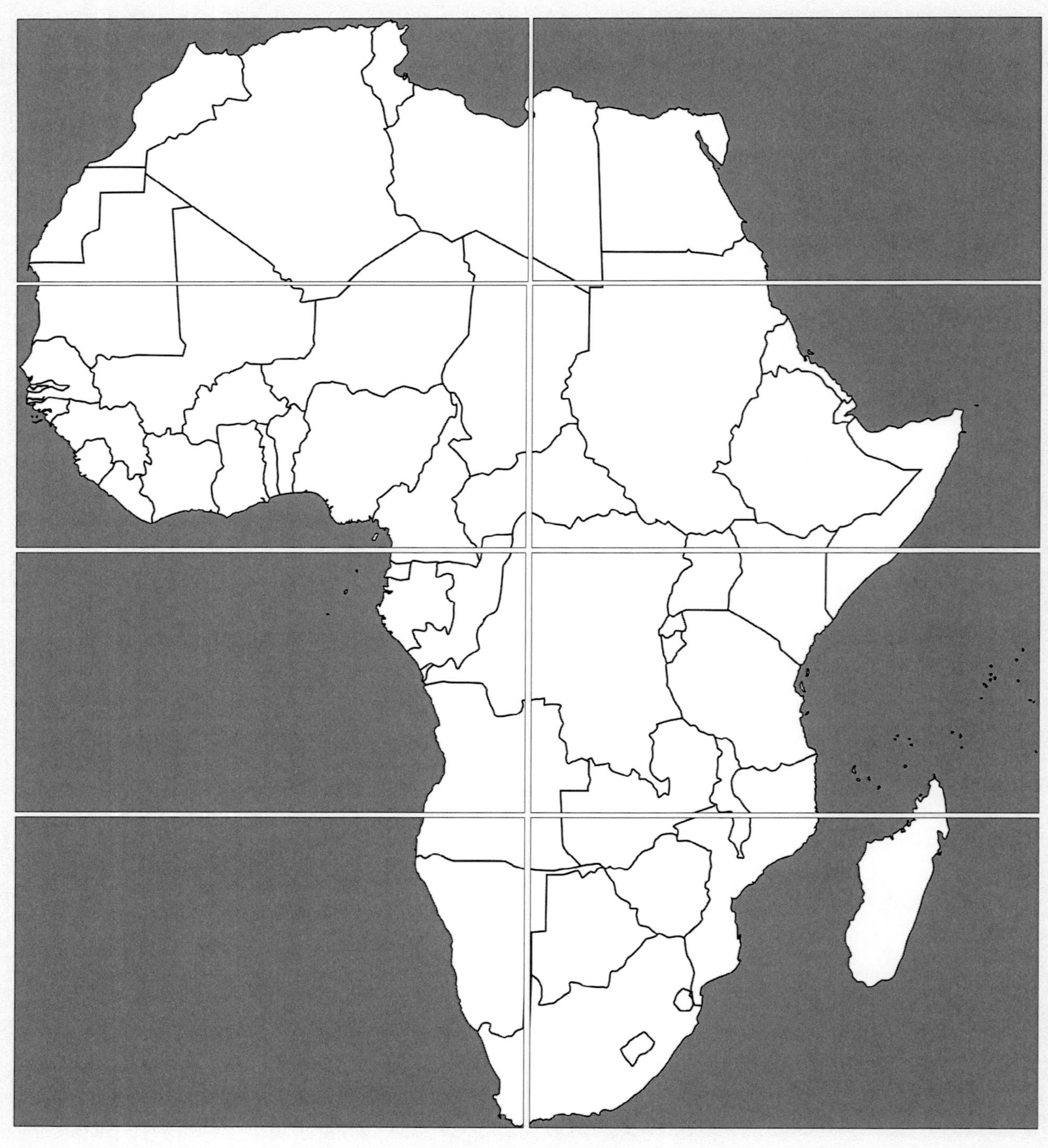

Lage, Länder, Hauptstädte, Fläche, Einwohner (1)

Aufgabe 1: *Ergänze die Namen der umgebenden Meere und zeichne den Äquator ein.*

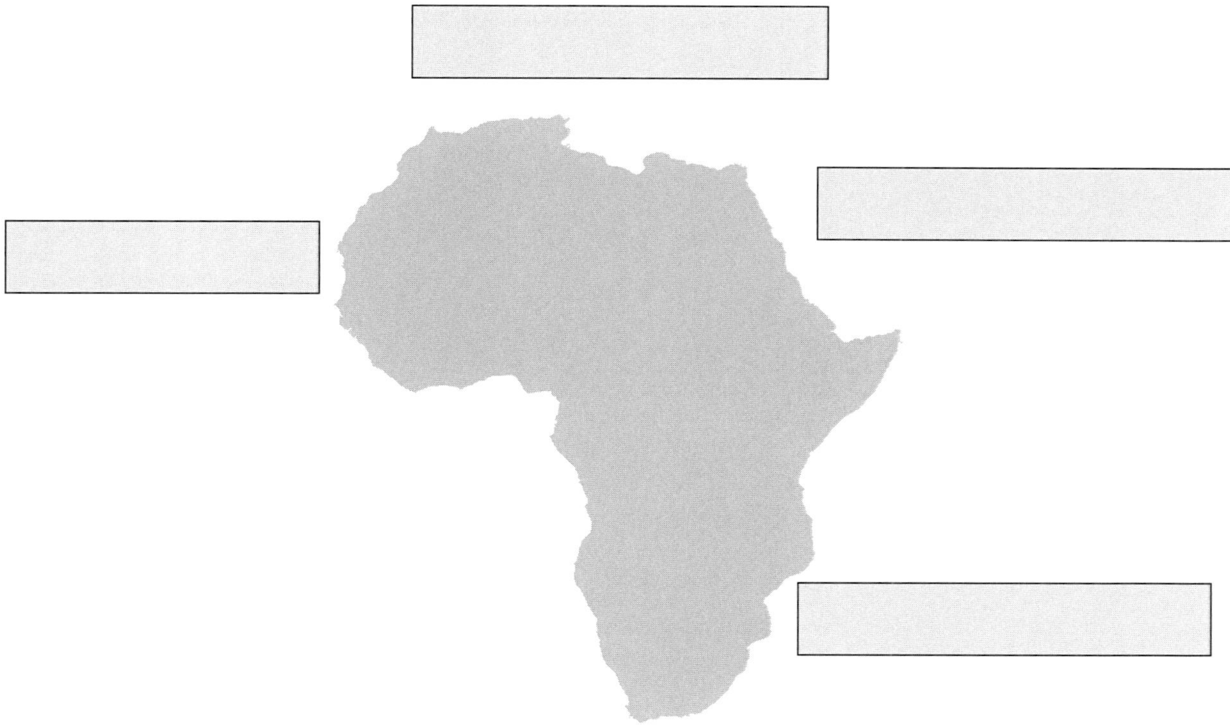

Aufgabe 2: *Vervollständige die Tabelle mit den Begriffen und Zahlen.*

Land	Hauptstadt	Fläche in km²	Region
	Tunis		Nordafrika
Senegal	Dakar	196.722	Westafrika I
	Windhuk	824.116	
	Kampala		
		1.104.300	Ostafrika
	Abuja	923.768	

Aufgabe 3: *Erkenne die Länder am Umriss und ergänze!*

Land			
Hauptstadt			
Region			
Einwohner			

KOHL VERLAG STATIONENLERNEN ERDKUNDE Afrika und Asien / Klasse 7-8 – Bestell-Nr. 12 329

Station

Lage, Länder, Hauptstädte, Fläche, Einwohner (1)

Afrika im Überblick

Lösungen

Aufgabe 1:

Mittelmeer

Atlantischer Ozean

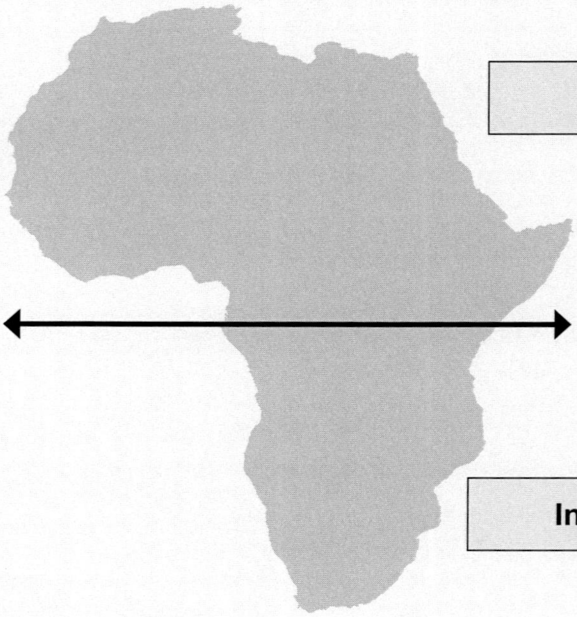

Rotes Meer

Indischer Ozean

Aufgabe 2: Vervollständige die Tabelle mit den Begriffen und Zahlen.

Land	Hauptstadt	Fläche in km²	Region
Tunesien	Tunis	163.610	Nordafrika
Senegal	Dakar	196.722	Westafrika I
Namibia	Windhuk	824.116	Südafrika
Uganda	Kampala	241.040	Ostafrika
Äthopien	Addis Abeba	1.104.300	Ostafrika
Nigeria	Abuja	923.768	Westafrika II

Aufgabe 3: Erkenne die Länder am Umriss und ergänze!

	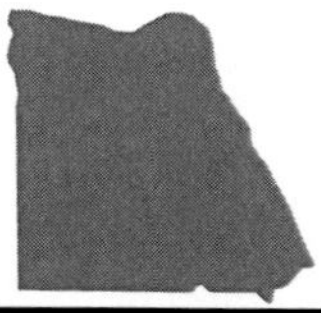	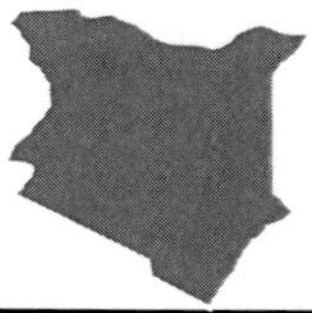	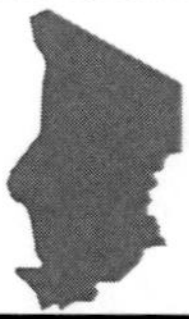
Land	Ägypten	Kenia	Tschad
Hauptstadt	Kairo	Nairobi	N´Djamena
Region	Nordafrika	Ostafrika	Zentralafrika
Einwohner	97.041.072	47.615.739	15.400.000

Station !✶!!

Afrika im Überblick

Lage, Länder, Hauptstädte, Fläche, Einwohner (2)

<u>**Aufgabe 1**</u>: *Welche Länder sind hier mit 1-7 gekennzeichnet?*

____

____

____

<u>**Aufgabe 2**</u>: *Welche der genannten Länder waren früher eine englische Kolonie?*

____

<u>**Aufgabe 3**</u>: *Nenne die Nachbarländer von L1, L2 und L3.*

____

____

____

<u>**Aufgabe 4**</u>: *Welche Länder liegen mit ihrer Fläche teilweise oder ganz unterhalb 20° s.B.?*

____

____

____

____

STATIONENLERNEN ERDKUNDE
Afrika und Asien / Klasse 7-8 – Bestell-Nr. 12 329

Station

Lage, Länder, Hauptstädte, Fläche, Einwohner (2)

Afrika im Überblick

Lösungen

Aufgabe 1: 1 = Algerien, 2 = Tschad, 3 = Sudan, 4 = Äthiopien, 5 = Tansania, 6 = Südafrika, 7 = Nigeria

Aufgabe 2: Sudan, Äthiopien, Südafrika

Aufgabe 3:

L1 = Libyen:	Algerien, Ägypten, Sudan, Niger
L2 = Namibia:	Südafrika, Botswana, Angola
L3 = Mauretanien:	Westsahara, Algerien, Mali, Senegal

Aufgabe 4: Namibia, Botsuana, Simbabwe, Mosambik, Südafrika

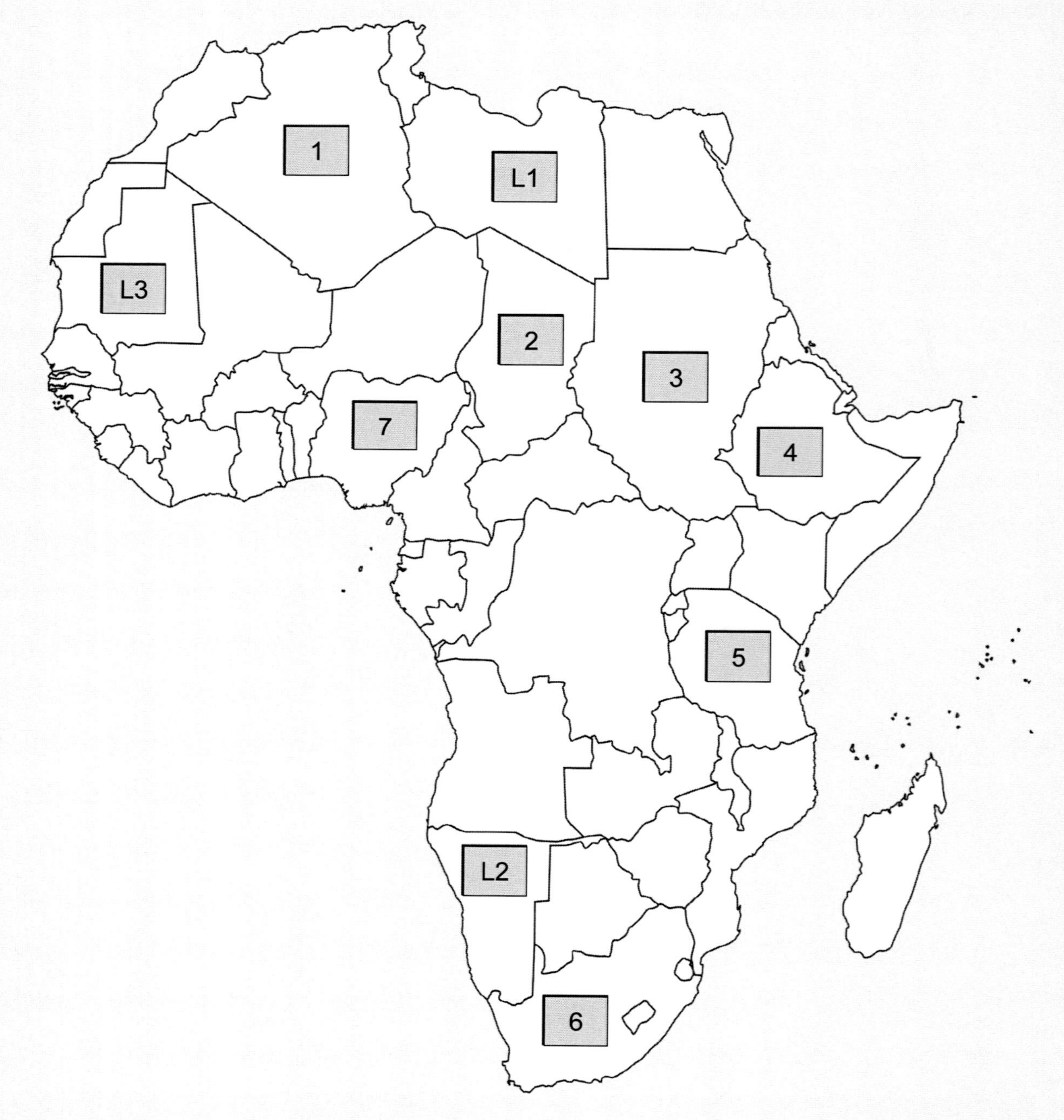

Station

! **Afrika im Überblick**

Oberflächengestalt - Gebirge und Berge (1)

Aufgabe 1: *Finde die Gebirge und ihre höchste Erhebung. In welchen Ländern liegen sie?*

	Das Gebirge ...	mit der höchsten Erhebung ...	liegt im Land ...
1	Atlasgebirge	Toubkal 4167 m	Marokko/Algerien
2			
3			
4			
5			
6			
7			
8			

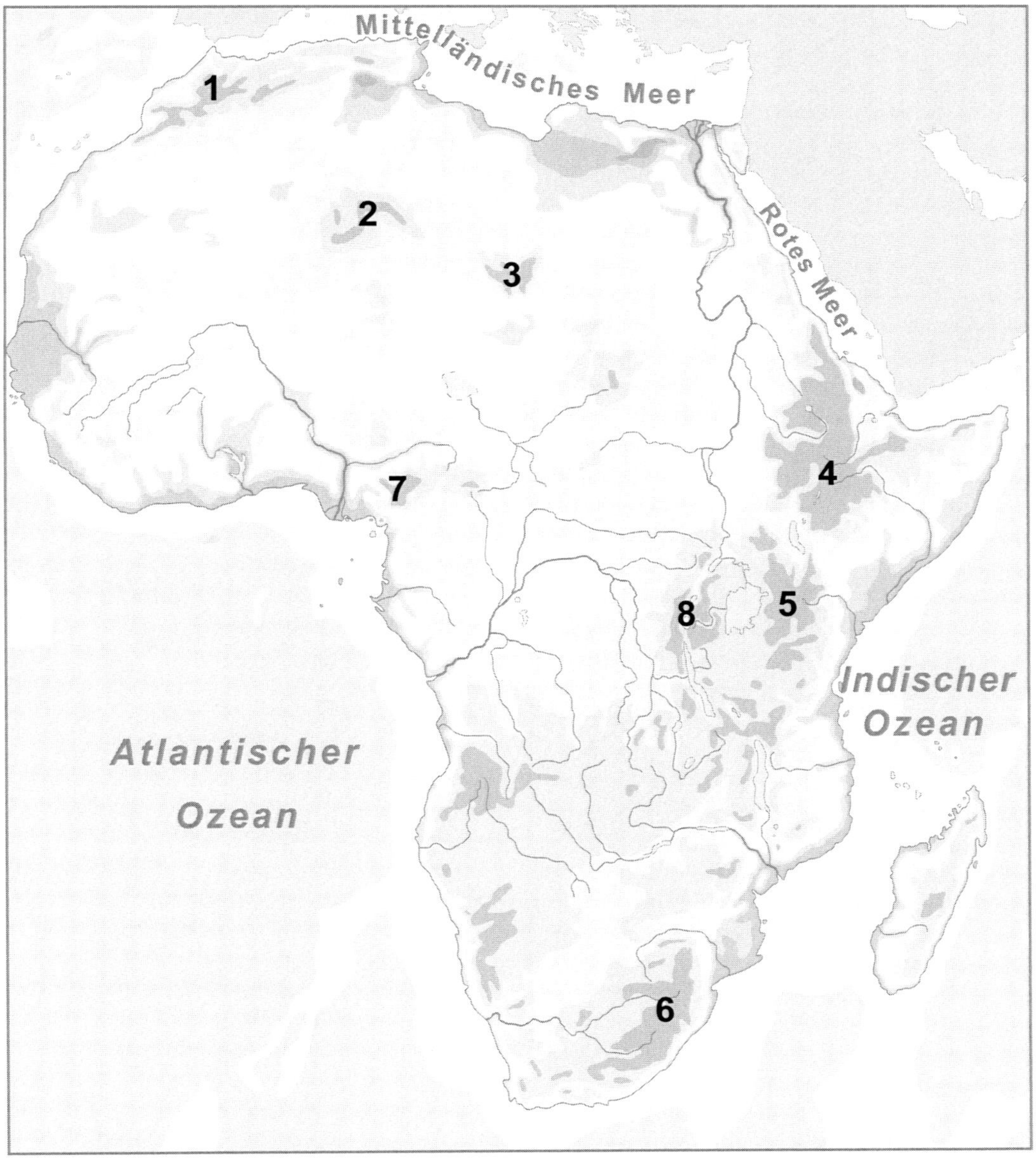

Mittelländisches Meer
Rotes Meer
Atlantischer Ozean
Indischer Ozean
1
2
3
4
5
6
7
8

STATIONENLERNEN ERDKUNDE
Afrika und Asien / Klasse 7-8 – Bestell-Nr. 12 329

Station

Oberflächengestalt - Gebirge und Berge (1)

Aufgabe 1:

	Das Gebirge ...	mit der höchsten Erhebung ...	liegt im Land ...
1	Atlasgebirge	Toubkal 4167 m	Marokko/Algerien
2	Ahaggar	Djabal Tahat 3003 m	Algerien
3	Tibesti	Emi Koussi 3415 m	Tschad
4	Hochland von Äthiopien	Ras Daschan 4533 m	Äthiopien
5	Ostafrik. Seenhochland	Kilimandscharo 5895 m, Mount Kenia 5199 m	Tansania/Kenia
6	Drakensberge	Thabana Ntlenyana 3482 m	Südafrika
7	Hochland von Adamaous	Kamerunberg 4070 m	Kamerun/Nigeria
8	Ruwenzori	Margherita Peak (Mount Stanley) 5109 m	Grenze zwischen der DR Kongo und Uganda

Kilimandscharo

Atlasgebirge

Toubkal

Ahaggar

Station

!! **Afrika im Überblick**

Oberflächengestalt - Gebirge und Berge (2)

Aufgabe 1: *Setze die Begriffe im Kasten an die richtigen Stellen im Text.*

Hochland von Äthiopien – muldenartige Vertiefungen – Atlasgebirge weiträumige Becken – die Grenze – ostafrikanische Seenhochland Drakensberge – flach verlaufende Bodenerhebungen – Schwellen

Die Oberflächengestalt Afrikas wird durch ______________________ ________________ und ______________ geprägt. Becken sind größere oder kleinere ______________________ ______________________, die ringsum oder auf drei Seiten von Höhen umschlossen werden. Schwellen sind langgestreckte, meist ____________ ______________________ ______________________, auch häufig Umrandungen von Beckenlandschaften.

Das ______________________ liegt im Nordwesten und bildet ____ ________________ zum Mittelmeer.

Das ________________ ____ ______________________ liegt im Nordosten am Roten Meer.

Das ______________________ ______________________ liegt im Osten am Indischen Ozean.

Die ______________________ begrenzen im Osten das Kalaharibecken.

Aufgabe 2: *Verbinde die Länder, Gebirge und deren höchste Berge zueinander passend.*

Länder	Gebirge	Berge
Tansania/Kenia	Ostafrik. Seenhochland	Djabal Tahat 3003
Kamerun/Nigeria	Atlasgebirge	Toubkal 4167
Tschad	Ruwenzori	Emi Koussi 3415
Äthiopien	Ahaggar	Ras Daschan 4533
Grenze DR Kongo - Uganda	Hochland von Adamaous	Thabana Ntlenyana 3482
Südafrika	Tibesti	Kamerunberg 4070
Marokko/Algerien	Hochland von Äthiopien	Kilimandscharo 5895 Mount Kenia 5199
Algerien	Drakensberge	Margherita Peak 5109

Station

Afrika im Überblick

Lösungen

Oberflächengestalt - Gebirge und Berge (2)

Aufgabe 1:

Die Oberflächengestalt Afrikas wird durch **weiträumige Becken** und **Schwellen** geprägt.

Becken sind größere oder kleinere **muldenartige Vertiefungen** , die ringsum oder auf drei Seiten von Höhen umschlossen werden.

Schwellen sind langgestreckte, meist **flach verlaufende Bodenerhebungen**, auch häufig Umrandungen von Beckenlandschaften.

Das **Atlasgebirge** liegt im Nordwesten und bildet **die Grenze** zum Mittelmeer.

Das **Hochland von Äthiopien** liegt im Nordosten am Roten Meer.

Das **ostafrikanische Seenhochland** liegt im Osten am Indischen Ozean.

Die **Drakensberge** begrenzen im Osten das Kalaharibecken.

Aufgabe 2:

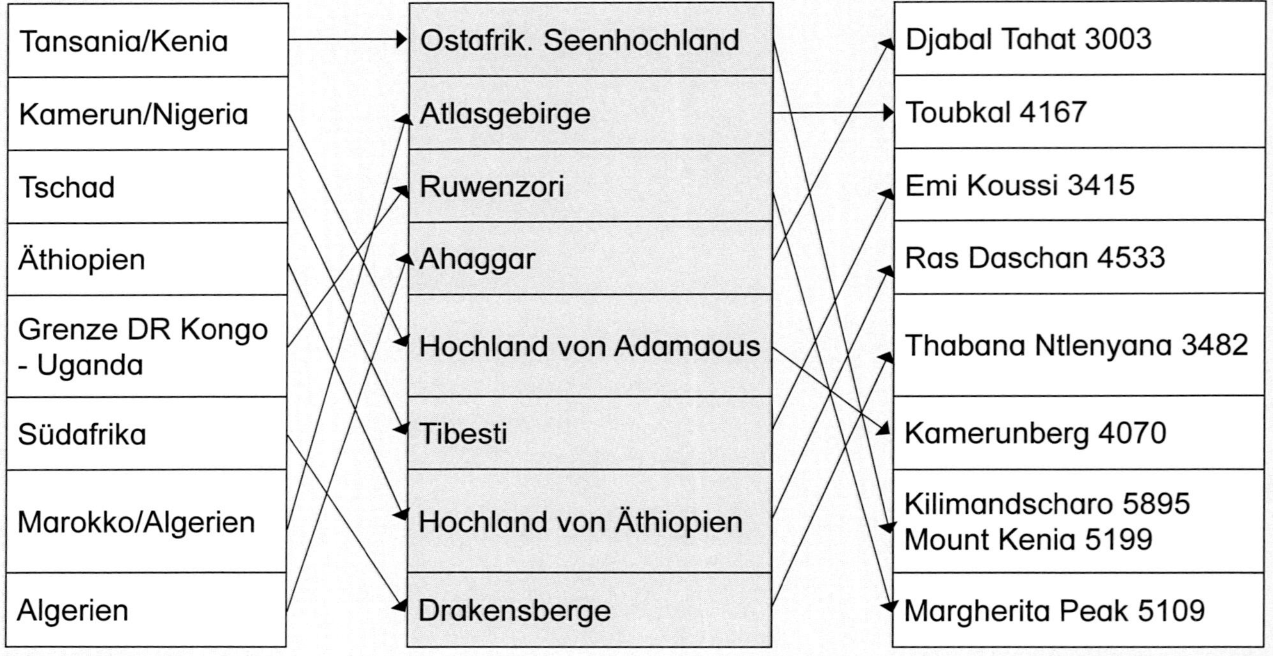

Station

Flüsse und Seen (1)

Afrika im Überblick

Aufgabe 1: *Welcher Fluss ist es, von welchem Land mündet er in welches Meer?*

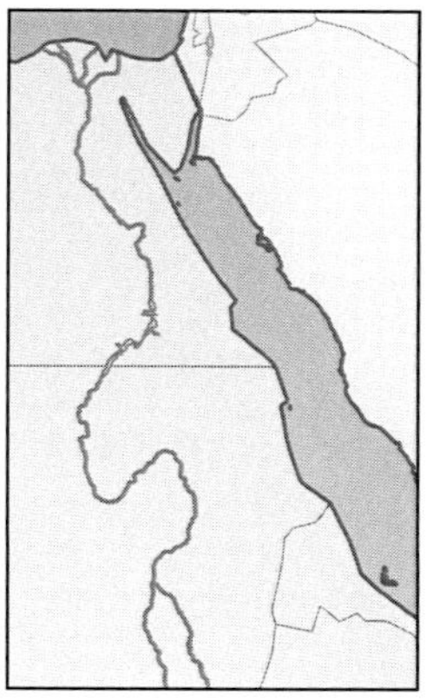

Der Fluss:	
mündet vom Land:	
in:	

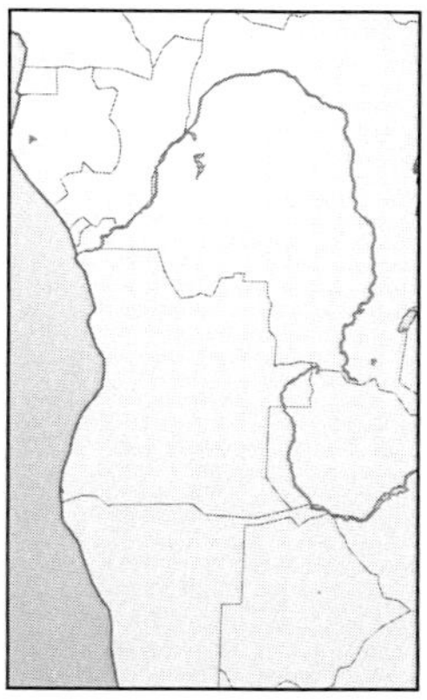

Der Fluss:	
mündet vom Land:	
in:	

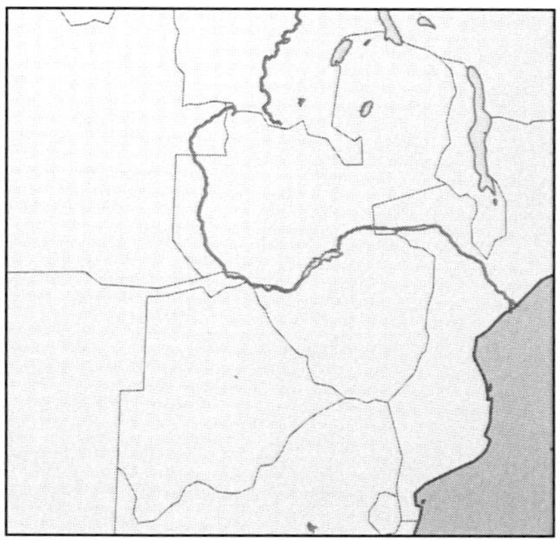

Der Fluss:	
mündet vom Land:	
in:	

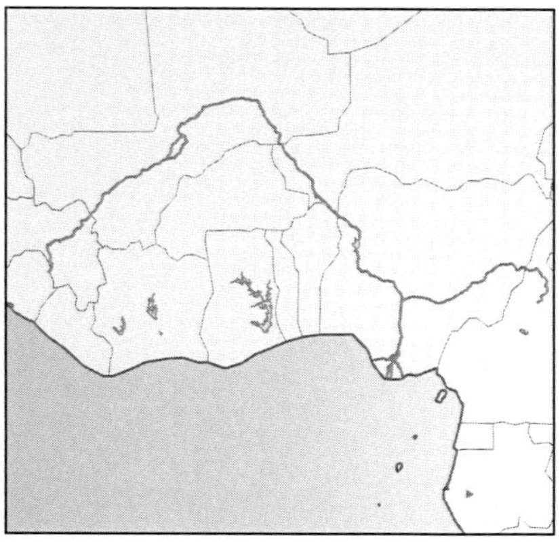

Der Fluss:	
mündet vom Land:	
in:	

Aufgabe 2: *Ergänze die Namen von Flüssen und Seen.*

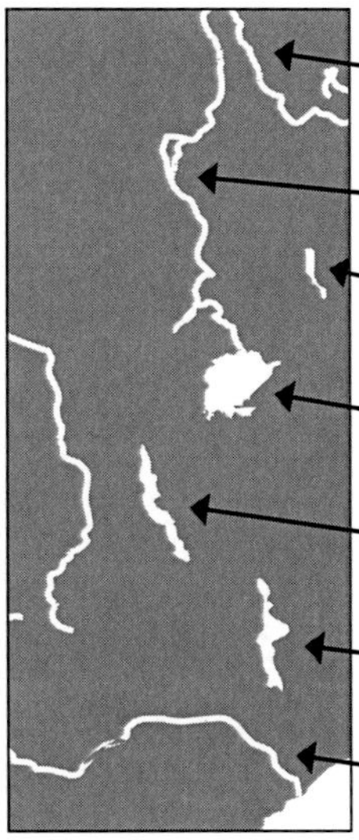

STATIONENLERNEN ERDKUNDE
Afrika und Asien / Klasse 7-8 – Bestell-Nr. 12 329
KOHL VERLAG

Station

Flüsse und Seen (1)

Afrika im Überblick

Lösungen

Aufgabe 1:

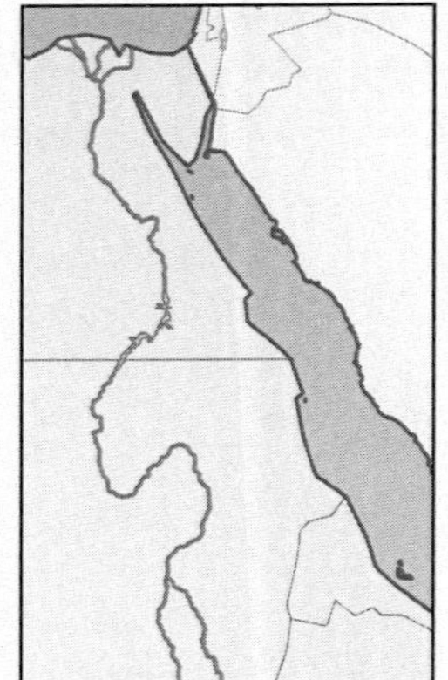

Der Fluss:	Nil
mündet vom Land:	Ägypten
in:	Mittelmeer

Der Fluss:	Kongo
mündet vom Land:	Angola, DR Kongo
in:	Atlantischer Ozean

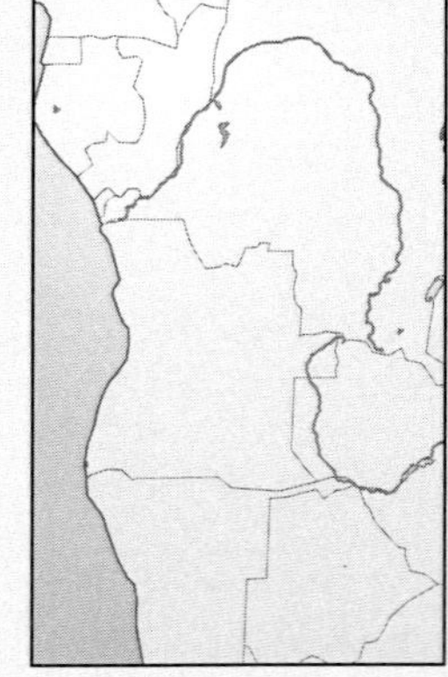

Der Fluss:	Sambesi
mündet vom Land:	Mosambik
in:	Indischer Ozean

Der Fluss:	Niger
mündet vom Land:	Nigeria
in:	Golf von Guinea

Aufgabe 2: Ergänze die Namen von Flüssen und Seen.

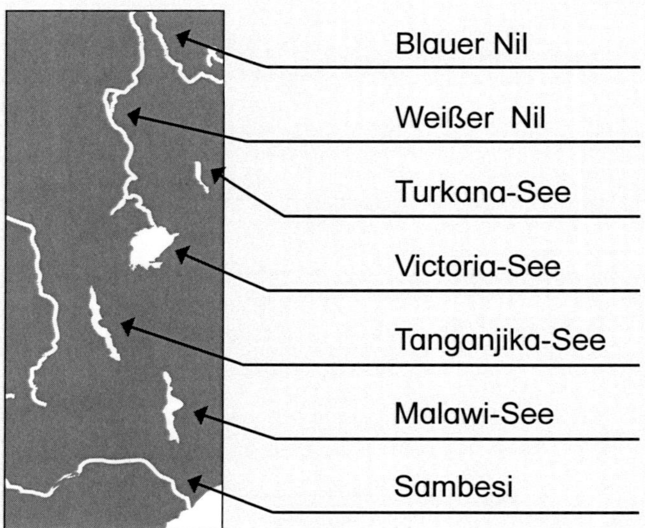

Station

!

Afrika im Überblick

Flüsse und Seen (2)

Aufgabe 1: *Nenne die Namen der Flüsse und der Seen.*

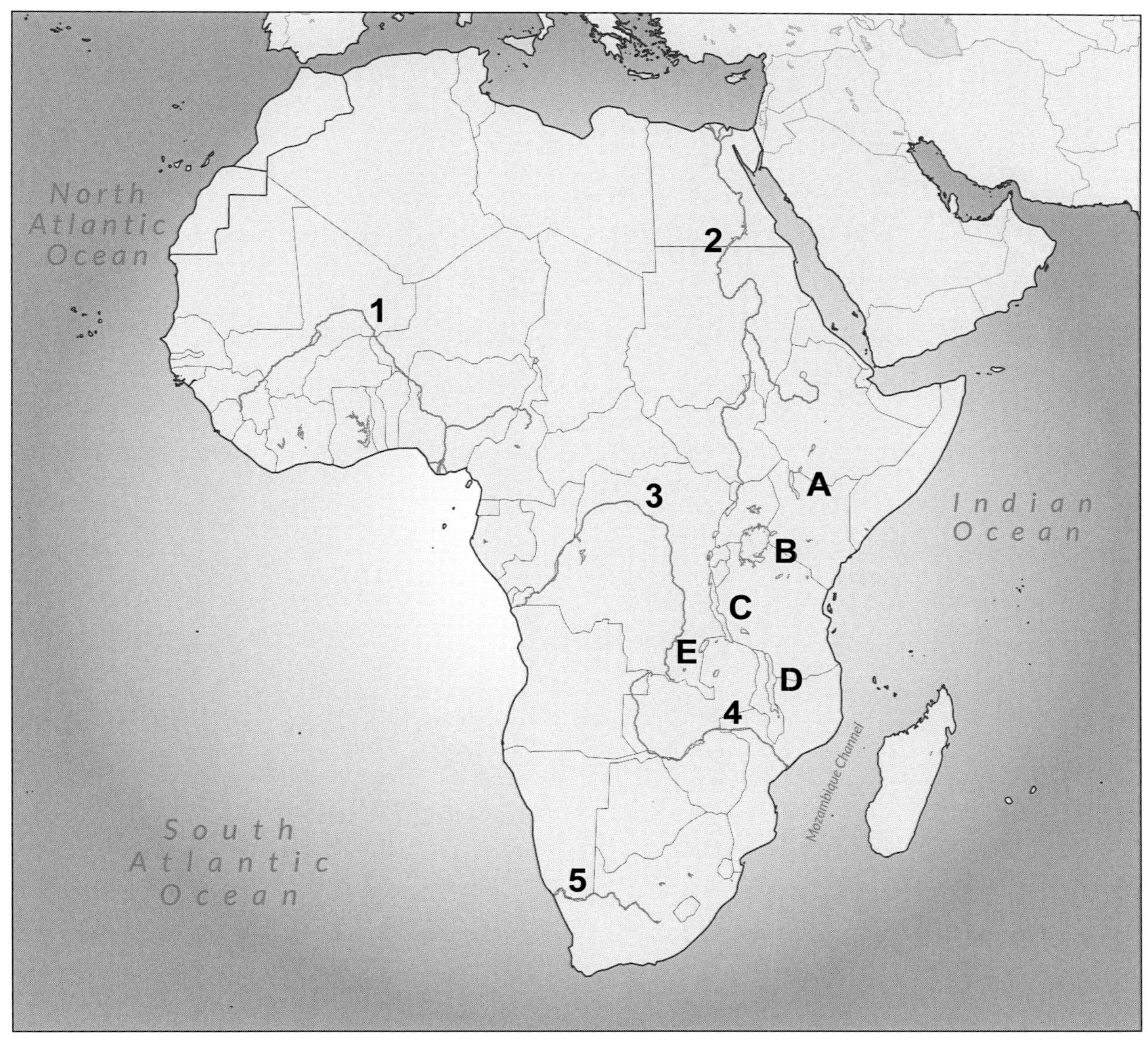

1	
2	
3	
4	
5	

A	
B	
C	
D	
E	

KOHL VERLAG STATIONENLERNEN ERDKUNDE Afrika und Asien / Klasse 7-8 – Bestell-Nr. 12 329

Station

Flüsse und Seen (2)

Afrika im Überblick

Lösungen

Gambia

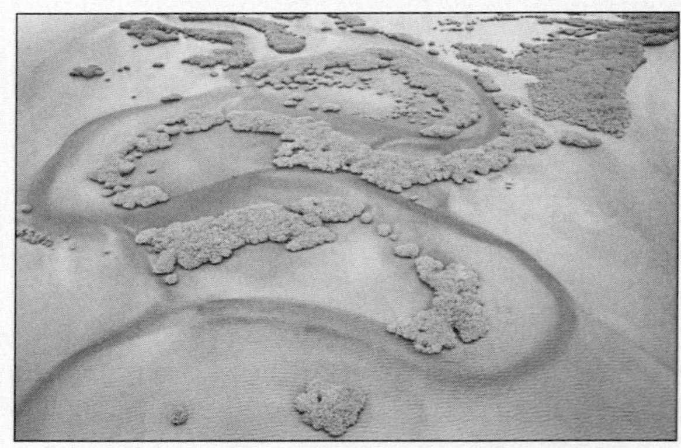

Senegal

Äthiopien

Südafrika

Aufgabe 1:

1	Niger
2	Nil
3	Kongo
4	Sambesi
5	Oranje

A	Turkana-See
B	Victoria-See
C	Tanganjika-See
D	Malawi-See
E	Mweru-See

Station

!! ✶

Afrika im Überblick

Flüsse und Seen (3)

Aufgabe 1: *Prüfe die folgenden Aussagen. Kreuze an, ob sie richtig oder falsch sind.*

		richtig	falsch
a	Mit 4.835 km ist der Kongo der längste Fluss in Afrika.		
b	Der Nil fließt durch Tansania, den Süd-Sudan, Sudan und Ägypten.		
c	In den Jahren 1961 – 1970 wurde der Assuan-Staudamm gebaut.		
d	Der Kongo mündet in den Golf von Guinea.		
e	Der Sambesi ist mit 3.660 km der viertlängste Fluss in Afrika.		
f	Der Niger entspringt in den Bergen von Guinea.		
g	Der Volta mündet in den Golf von Guinea.		
h	Der Ubangi ist ein Nebenfluss des Nils.		
i	Der Oranje mündet in den Indischen Ozean.		
j	Der Oranje fließt durch Tansania.		
k	Der Kongo zieht mit den Livingstone-Wasserfällen Touristen an.		
l	Der Kasai ist ein Nebenfluss des Niger.		
m	Der Malawi-See ist bekannt für seine Buntbarsche und Flusspferde.		
n	Nil-Krokodile leben im Tanganjika-See.		

Aufgabe 2: *Korrigiere die falschen Aussagen von Aufgabe 1.*

____

____

____

____

____

____

____

Aufgabe 3: *Ergänze die Begriffe.*

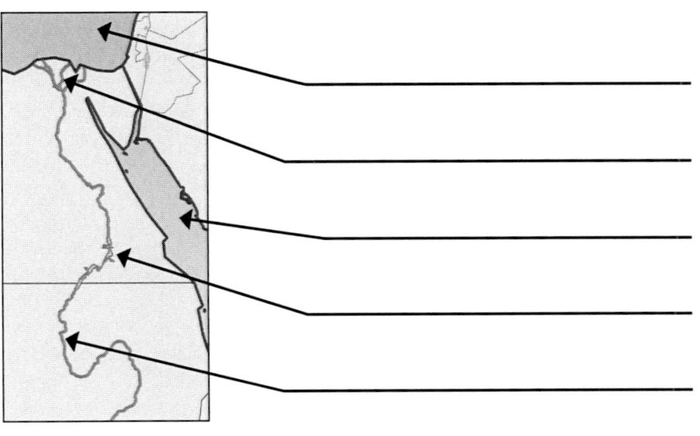

STATIONENLERNEN ERDKUNDE Afrika und Asien / Klasse 7-8 – Bestell-Nr. 12 329
KOHL VERLAG

Station

Flüsse und Seen (3)

Afrika im Überblick

Lösungen

Aufgabe 1:

		richtig	falsch
a	Mit 4.835 km ist der Kongo der längste Fluss in Afrika.		X
b	Der Nil fließt durch Tansania, den Süd-Sudan, Sudan und Ägypten.	X	
c	In den Jahren 1961 – 1970 wurde der Assuan-Staudamm gebaut.	X	
d	Der Kongo mündet in den Golf von Guinea.		X
e	Der Sambesi ist mit 3.660 km der viertlängste Fluss in Afrika.		X
f	Der Niger entspringt in den Bergen von Guinea.	X	
g	Der Volta mündet in den Golf von Guinea.	X	
h	Der Ubangi ist ein Nebenfluss des Nils.		X
i	Der Oranje mündet in den Indischen Ozean.		X
j	Der Oranje fließt durch Tansania.		X
k	Der Kongo zieht mit den Livingstone-Wasserfällen Touristen an.	X	
l	Der Kasai ist ein Nebenfluss des Niger.		X
m	Der Malawi-See ist bekannt für seine Buntbarsche und Flusspferde.	X	
n	Nil-Krokodile leben im Tanganjika-See.	X	

Aufgabe 2:

a) Der Nil ist mit 6.671 km der längste Fluss in Afrika.

d) Der Kongo mündet in den Atlantischen Ozean.

e) Der Sambesi ist mit 2.660 km der viertlängste Fluss in Afrika.

h) Der Ubangi ist ein Nebenfluss des Kongo.

i) Der Oranje mündet in den Atlantischen Ozean.

j) Der Oranje fließt durch Südafrika und Namibia.

l) Der Kasai ist ein Nebenfluss des Kongo.

Aufgabe 3: Ergänze die Begriffe.

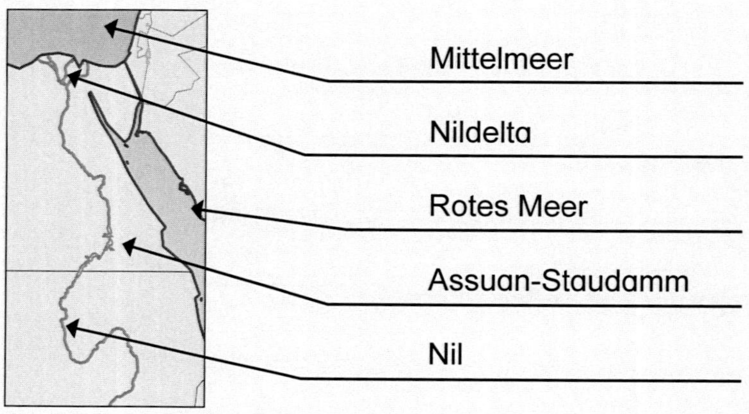

STATIONENLERNEN ERDKUNDE

Station !✶

Afrika im Überblick

Klimazonen

Aufgabe 1: *Zeichne in die Karte zunächst den Äquator, dann die beiden Wendekreise (23,5°) ein. Füge danach die Kalahari als Beispiel einer Trockensavanne, das Kongobecken als Beispiel eines Tropischen Regenwalds und die Sahara als Beispiel einer Wüste in die Karte ein.*

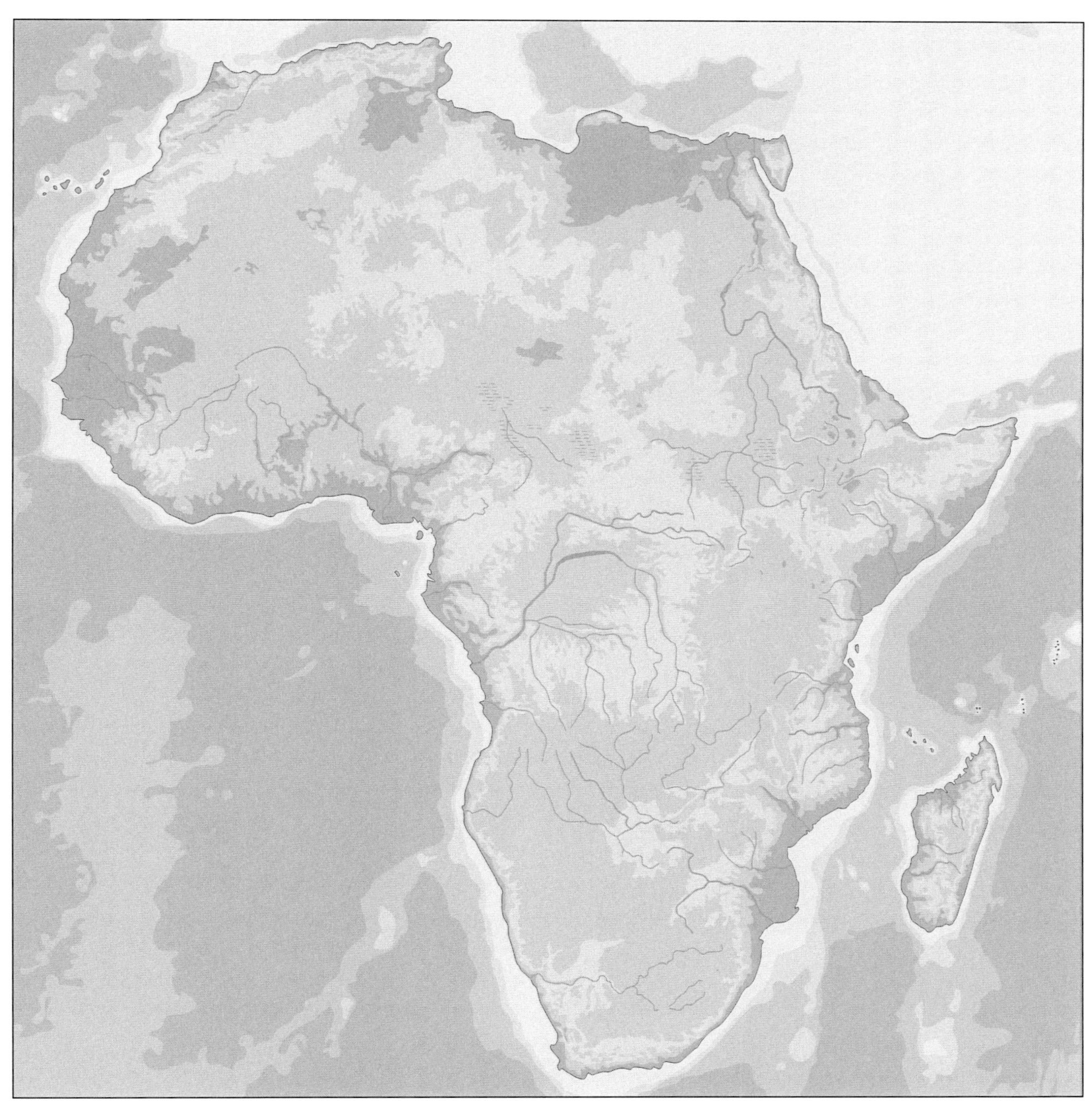

Aufgabe 2: *Trage rechts neben dem Begriff immer die passende Klimazone ein.*

Kongobecken		Algier	
Johannesburg		Nairobi	
Meist über 18°C		Feuchtsavanne	
Wüste		Mittelmeervegetation	

STATIONENLERNEN ERDKUNDE
Afrika und Asien / Klasse 7-8 – Bestell-Nr. 12 329
KOHL VERLAG

Station

Klimazonen

Afrika im Überblick

Lösungen

Aufgabe 1:

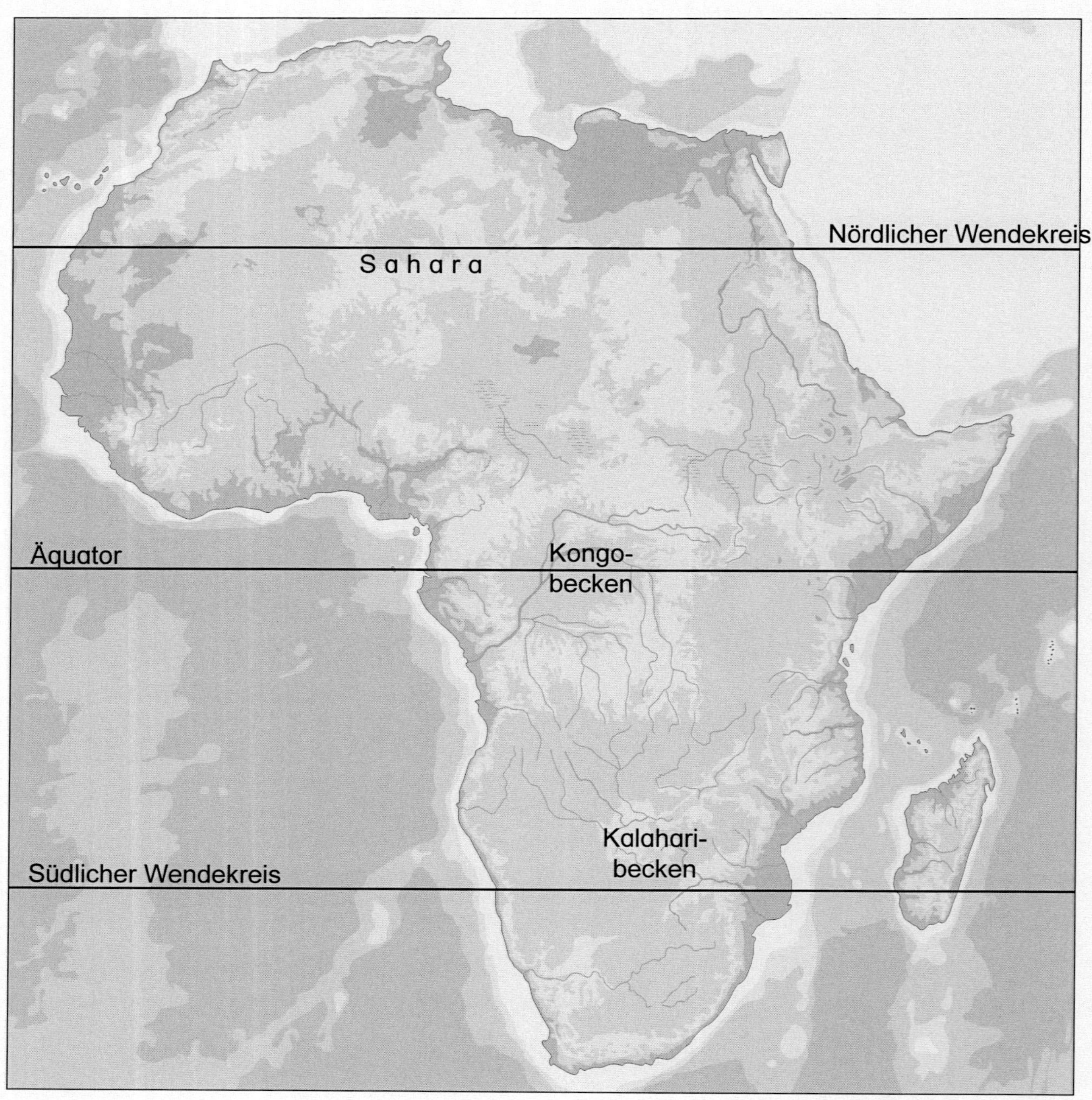

Aufgabe 2: Trage rechts neben dem Begriff immer die passende Klimazone ein.

Kongobecken	Tropische Zone	Algier	Subtropische Zone
Johannesburg	Subtropische Zone	Nairobi	Tropische Zone
Meist über 18°C	Tropische Zone	Feuchtsavanne	Tropische Zone
Wüste	Subtropische Zone	Mittelmeervegetation	Subtropische Zone

Station

Asien im Überblick

Asien auf „einen Blick“

Aufgabe 1: *Verbinde die Begriffe mit den Zahlen, die Buchstaben ergeben das Lösungswort (größte Insel Russlands).*

1	Größter Erdteil
2	Baikalsee
3	Jangtsekiang
4	China
5	Seoul
6	Hinduismus
7	Kaspisches Meer
8	Manila

A	24,2 Mio.
C	6.380 km
I	394.000 km²
A	1.182 m
S	44,61 Mio. km²
L	896 Mio.
N	24,65 Mio.
H	1.367.000

Aufgabe 2: *Durch welche asiatischen Inseln verläuft der Äquator?*

	Insel(n)
1	
2	
3	
4	
5	

STATIONENLERNEN ERDKUNDE Afrika und Asien / Klasse 7-8 – Bestell-Nr. 12 329
KOHL VERLAG

Station

Asien im Überblick

Lösungen

Asien auf „einen Blick“

Aufgabe 1:

1	Größter Erdteil		A	24,2 Mio.
2	Baikalsee		C	6.380 km
3	Jangtsekiang		I	394.000 km²
4	China		A	1.182 m
5	Seoul		S	44,61 Mio. km²
6	Hinduismus		L	896 Mio.
7	Kaspisches Meer		N	24,65 Mio.
8	Manila		H	1.367.000

Lösungswort: **SACHALIN**

Aufgabe 2:

	Insel(n)
1	Malediven
2	Sumatra
3	Borneo
4	Sulawesi
5	Halmahera (Molukken)

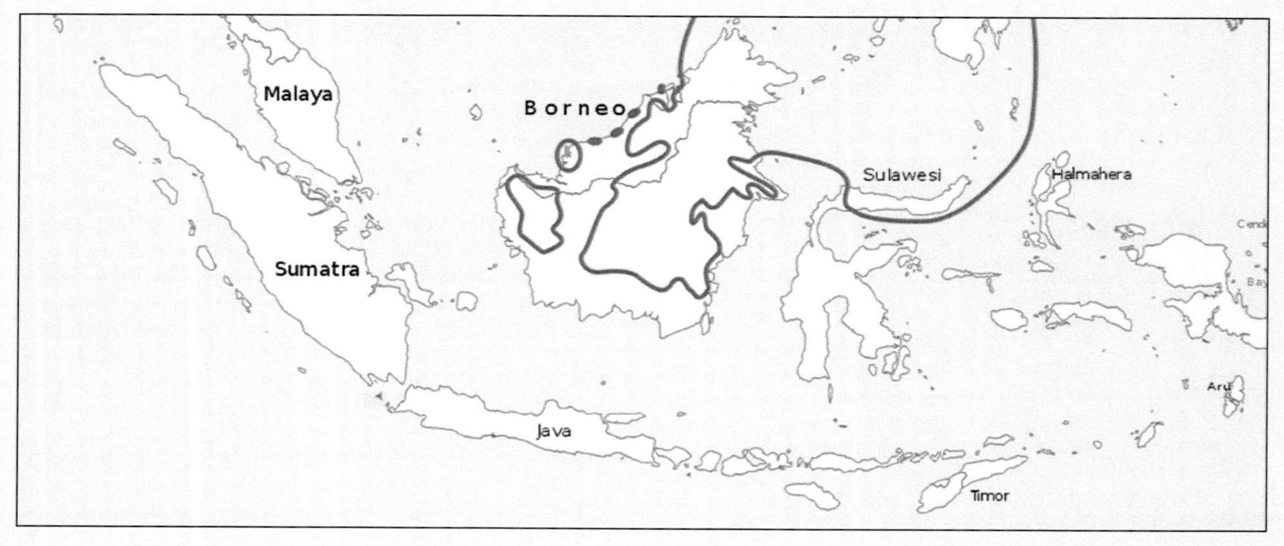

STATIONENLERNEN ERDKUNDE

Station

!! **Asien im Überblick**

Puzzle und Golf von Bengalen

Aufgabe 1: *Nenne alle Länder, die am Golf von Bengalen liegen, und ihre Hauptstädte.*

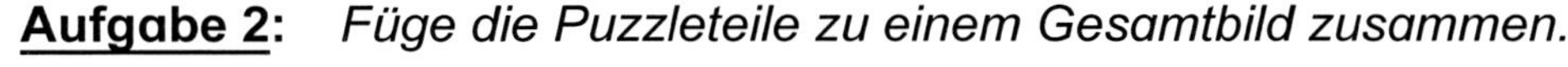

Aufgabe 2: *Füge die Puzzleteile zu einem Gesamtbild zusammen.*

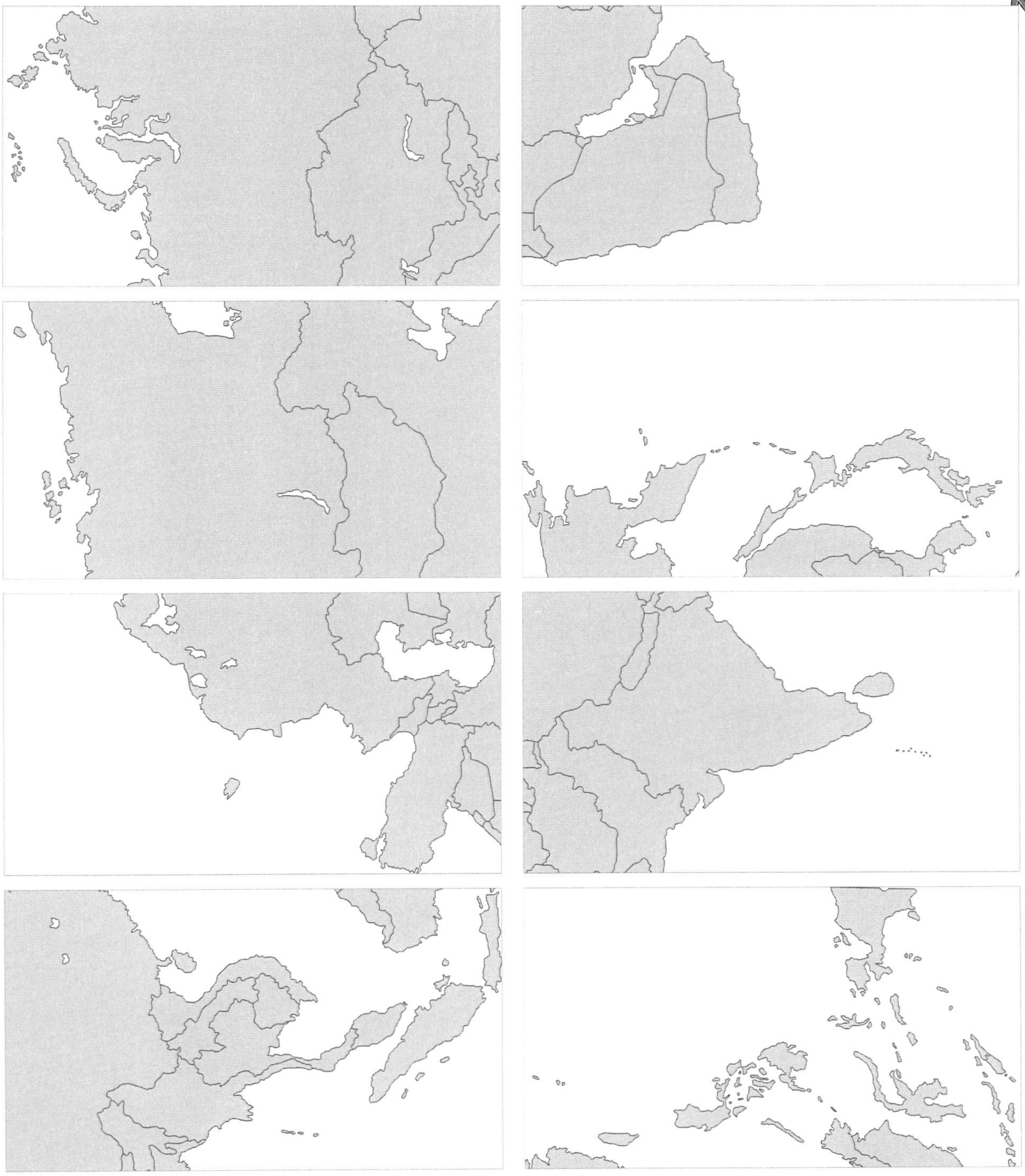

Station

Asien im Überblick

Lösungen

Asien auf „einen Blick“

Aufgabe 1: Indien (Delhi), Bangladesch (Dhaka), Myanmar (Yangon), Thailand (Bangkok), Indonesien (Jakarta)

Aufgabe 2:

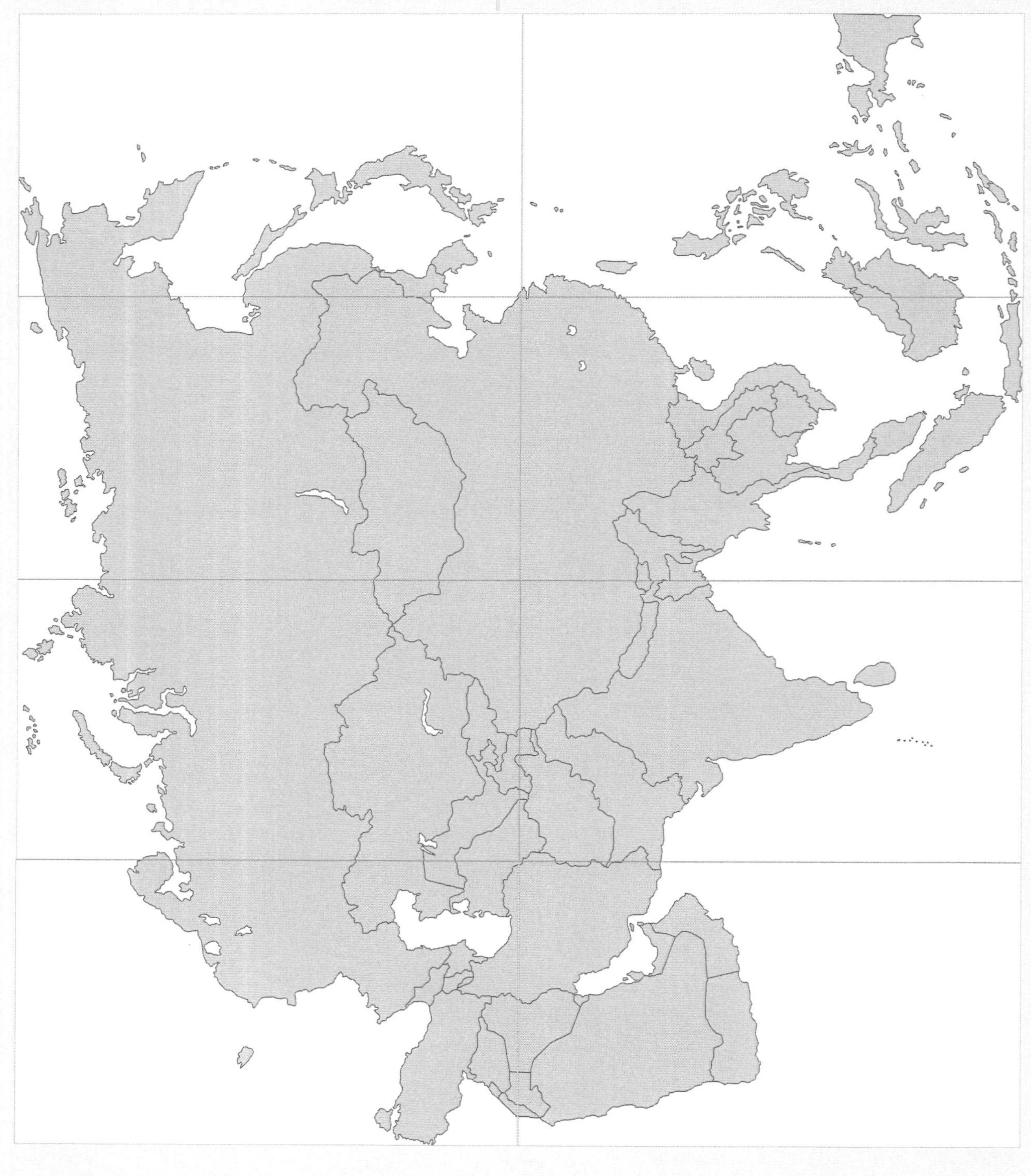

Station !!!

Asien im Überblick

Lage, Länder, Hauptstädte, Fläche, Einwohner (1)

Aufgabe 1: *Nenne die 4 Länder mit ihren Hauptstädten.*

a)	

b)	

c)	

d)	

Aufgabe 2: *Nenne die Namen der Länder und ihrer Hauptstädte auf der Karte unten.*

	Land	Hauptstadt
L1		
L2		
L3		
L4		
L5		

	Land	Hauptstadt
L6		
L7		
L8		
L9		
L10		

Aufgabe 3: *Nenne die Namen der angrenzenden Länder von …*

Kasachstan	
Thailand	
Afghanistan	

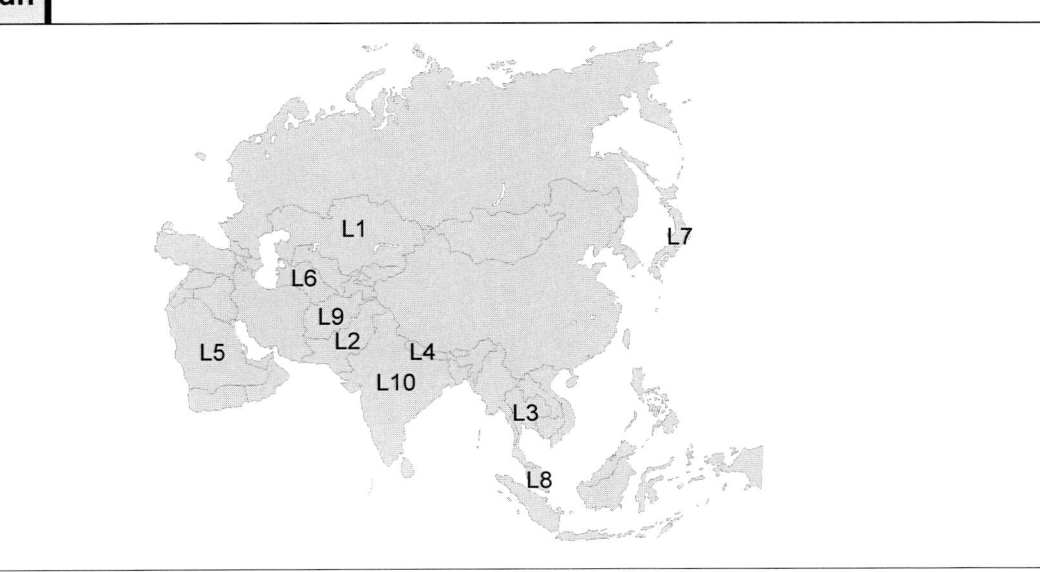

STATIONENLERNEN ERDKUNDE Afrika und Asien / Klasse 7-8 – Bestell-Nr. 12 329
KOHL VERLAG

Station

Lage, Länder, Hauptstädte, Fläche, Einwohner (1)

Asien im Überblick

Lösungen

Aufgabe 1: **a)** Saudi-Arabien - Riad; **b)** Mongolei - Ulan-Bator; **c)** Kasachstan - Astana; **d)** Vietnam - Hanoi;

Aufgabe 2:

	Land	Hauptstadt
L1	Kasachstan	Astana
L2	Pakistan	Islamabad
L3	Thailand	Bangkok
L4	Nepal	Kathmandu
L5	Saudi-Arabien	Riad

	Land	Hauptstadt
L6	Turkmenistan	Aschchabad
L7	Japan	Tokio
L8	Malaysia	Kuala Lumpur
L9	Afghanistan	Kabul
L10	Indien	Delhi

Aufgabe 3: Nenne die Namen der angrenzenden Länder von …

Kasachstan	Russland, Usbekistan, Kirgisistan, China
Thailand	Myanmar, Laos, Kambodscha, Malaysia
Afghanistan	Pakistan, Iran, Turkmenistan, Usbekistan, Tadschikistan, China

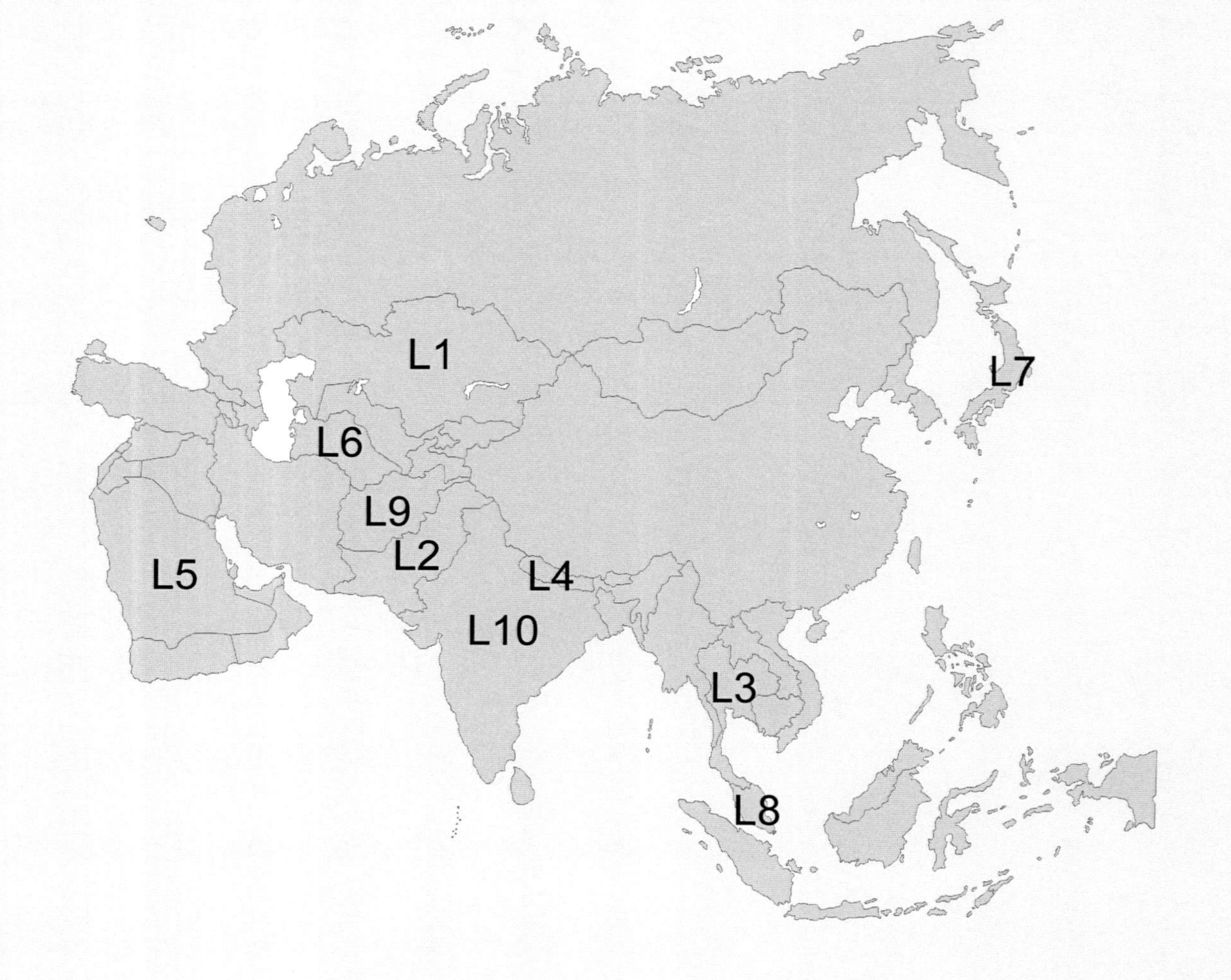

Station

!!★

Asien im Überblick

Lage, Länder, Hauptstädte, Fläche, Einwohner (2)

Aufgabe 1: Vervollständige die folgende Tabelle.

Land	Hauptstadt	Fläche in km²	Region
Mongolei			
	Manila		
Sri Lanka			
		2.240.000	
	Vientiane		
	Tiflis		

Aufgabe 2: Erkennst du die Länder am Umriss?

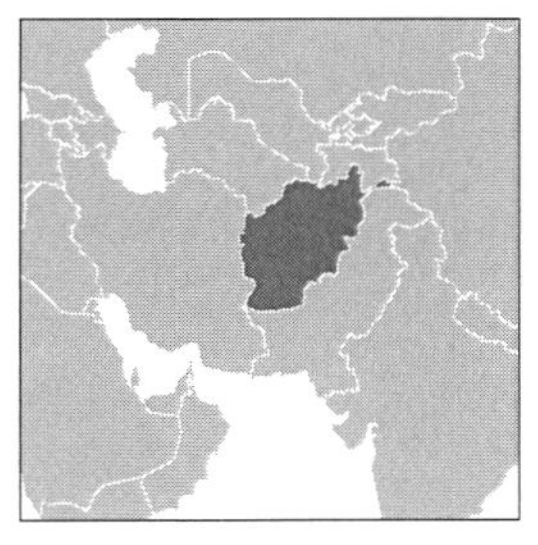

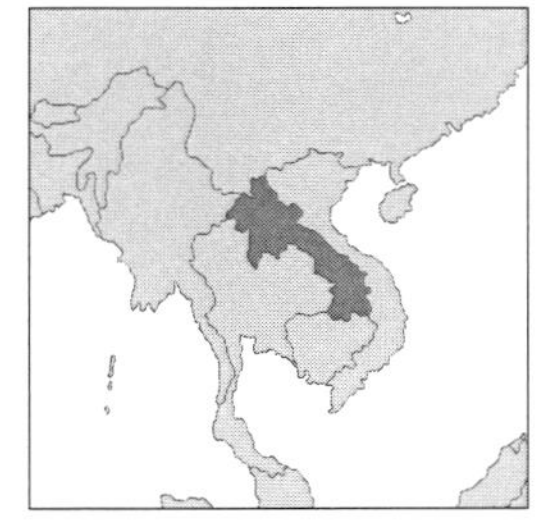

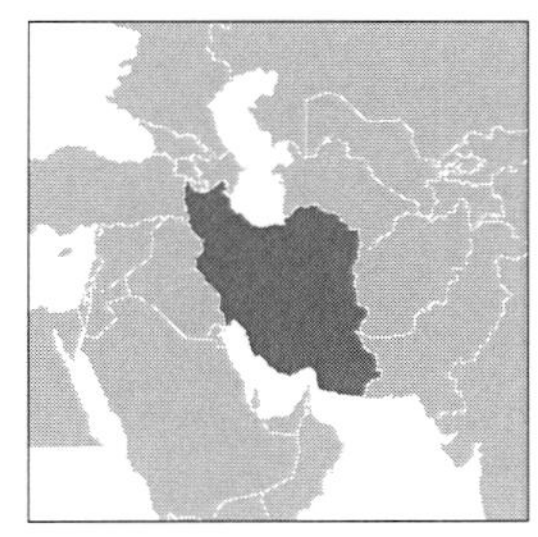

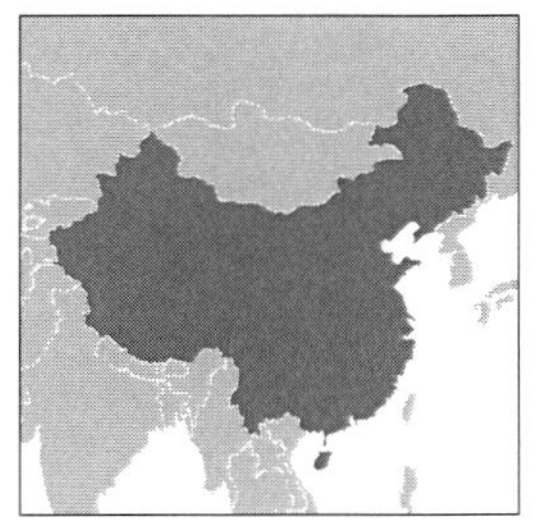

Aufgabe 3: Erkennst du die Städte an ihrer Skyline?

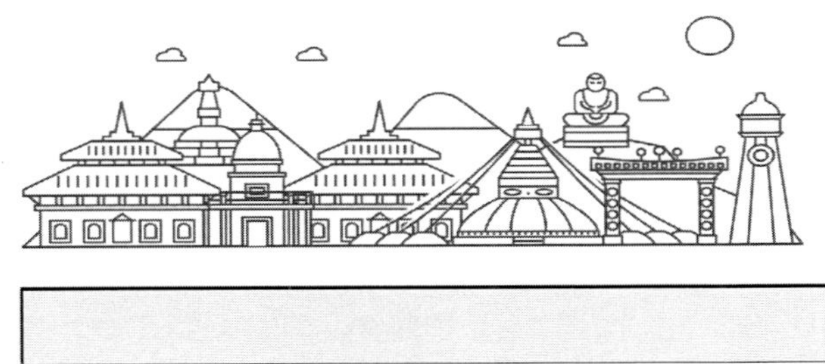

STATIONENLERNEN ERDKUNDE Afrika und Asien / Klasse 7-8 – Bestell-Nr. 12 329
KOHL VERLAG

Station

Asien im Überblick

Lage, Länder, Hauptstädte, Fläche, Einwohner (2)

Lösungen

Aufgabe 1:

Land	Hauptstadt	Fläche in km²	Region
Mongolei	Ulan Bator	1.566.500	Ost-Asien
Philippinen	Manila	298.179	Südost-Asien
Sri Lanka	Colombo	65.615	Süd-Asien
Saudi-Arabien	Riad	2.240.000	Vorder-Asien
Laos	Vientiane	236.800	Südost-Asien
Georgien	Tiflis	69.700	Vorder-Asien

Aufgabe 2: Erkennst du die Länder am Umriss?

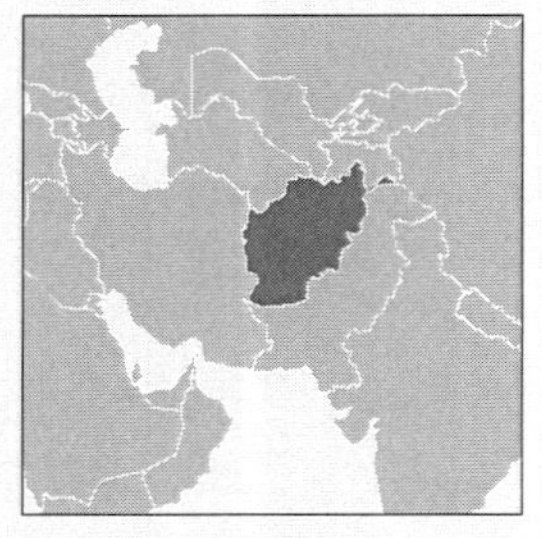

Afghanistan

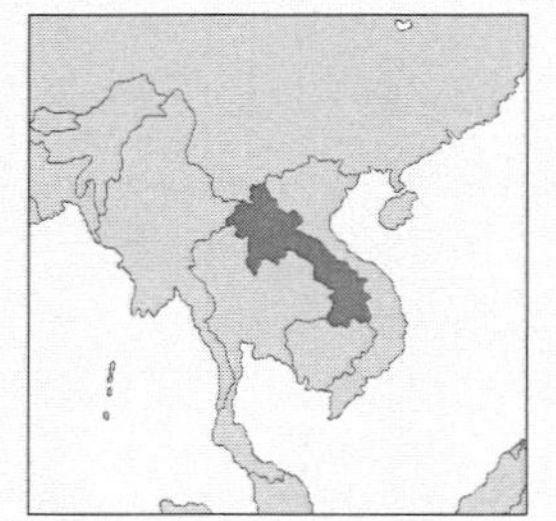

Laos

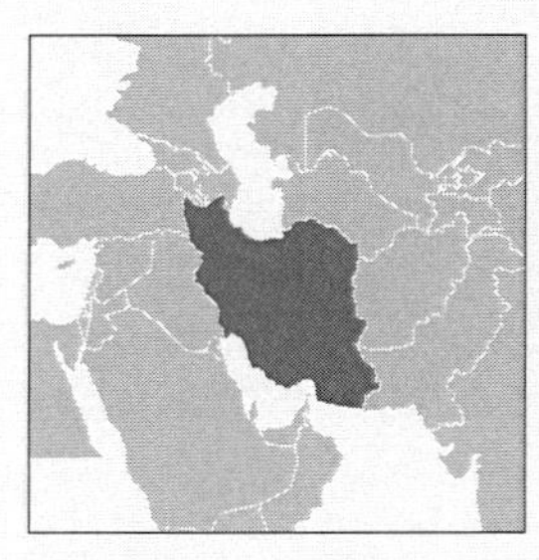

Iran

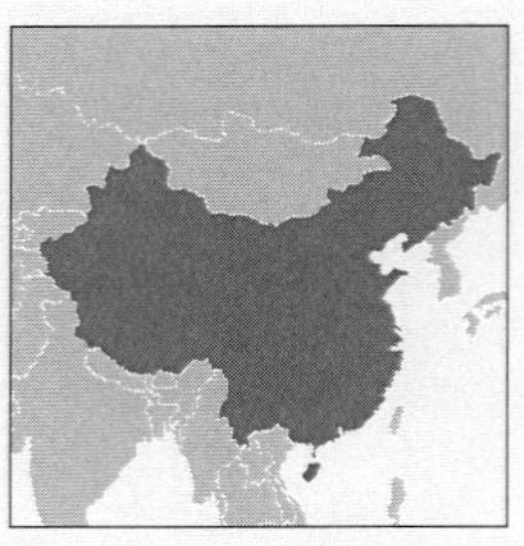

China

Aufgabe 3: Erkennst du die Städte an ihrer Skyline?

Manila

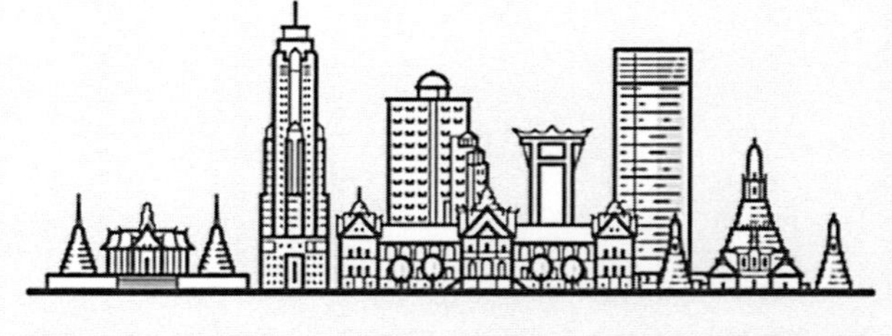

Bangkok

Teheran

Kathmandu

Station

!✶

Asien im Überblick

Oberflächengestalt - Hochebenen, Gebirge, Berge (1)

Aufgabe 1: Finde die in der Karte markierten Gebirge, Wüsten, Seen und Meere.

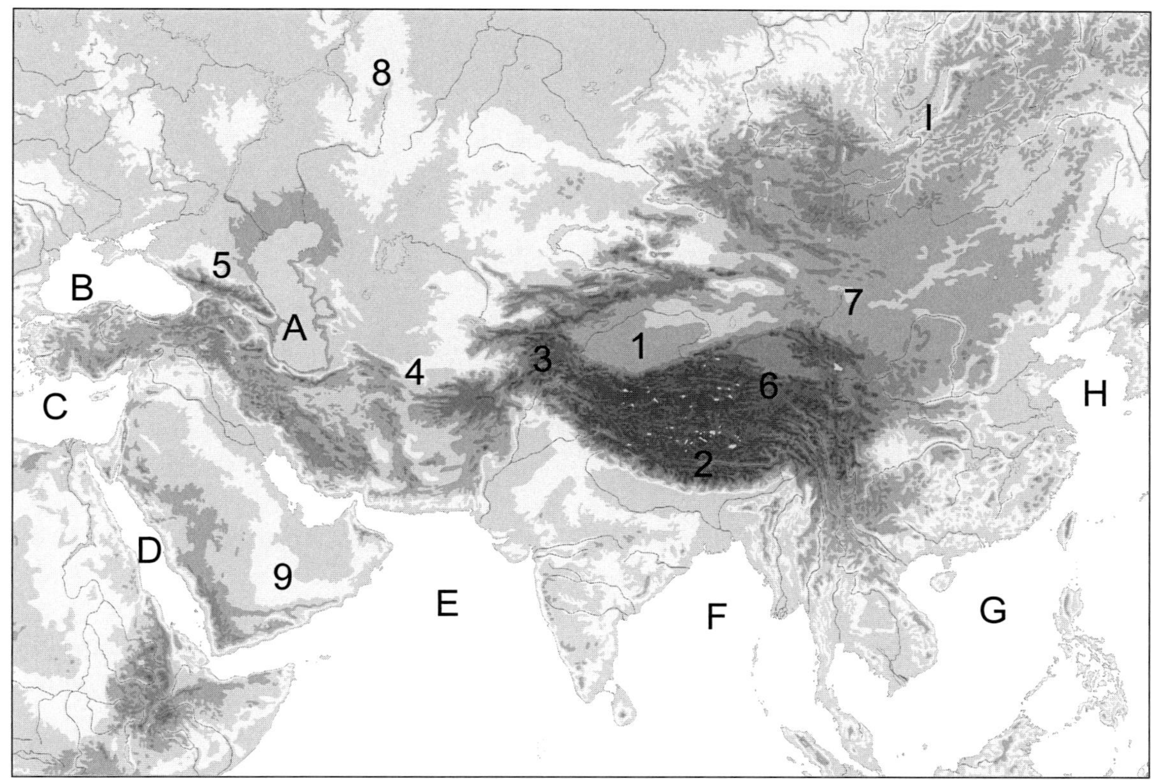

	Gebirge oder Wüste
1	
2	
3	
4	
5	
6	
7	
8	
9	

	See oder Meer
A	
B	
C	
D	
E	
F	
G	
H	
I	

Aufgabe 2: Finde zu folgenden Bergen die Erstbesteiger.

Mount Everest	
K2	
Nanga Parbat	
Lhotse	

STATIONENLERNEN ERDKUNDE
Afrika und Asien / Klasse 7-8 – Bestell-Nr. 12 329

Station

Oberflächengestalt - Hochebenen, Gebirge, Berge (1)

Lösungen

Aufgabe 1:

	Gebirge oder Wüste
1	Tarim-Becken
2	Himalaya
3	Pamir
4	Hindukusch
5	Kaukasus
6	Kunlun Shan
7	Wüste Gobi
8	Uralgebirge
9	Arabische Wüste

	See oder Meer
A	Kaspisches Meer
B	Schwarzes Meer
C	Mittelmeer
D	Rotes Meer
E	Arabisches Meer
F	Golf von Bengalen
G	Süd-Chinesisches Meer
H	Gelbes Meer
I	Baikalsee

Aufgabe 2: Finde zu folgenden Bergen die Erstbesteiger.

Mount Everest	Edmund Hillary (Neuseeland), Sherpa Tensing Norgay (Nepal) - 1953
K2	Lino Lacedelli, Achille Compagnoni (Italien) - 1954
Nanga Parbat	Hermann Buhl (Österreich) - 1953
Lhotse	Fritz Luchsinger, Ernst Reiss (Schweiz) - 1956

Station !!!

Asien im Überblick

Oberflächengestalt - Hochebenen, Gebirge, Berge (2)

Aufgabe 1: Verbinde Berge mit Höhen und Ländern richtig! Die Länder ergeben als Lösungswort etwas, das dort nicht so einfach geht.

Berg	Höhe	Land
K2	8.596 m	Nepal E
Mount Everest	8.027 m	Tibet N
Kangchenjunga	8.611 m	Nepal/Tibet A
Nanga Parbat	8.091 m	Pakistan F
Annapurna	8.848 m	Nepal/Indien U
Shishapangma	8.125 m	Pakistan/China L

Aufgabe 2: Prüfe die Aussagen. Kreuze an, ob sie richtig oder falsch sind.

		Richtig	Falsch
a)	Die Wüste Gobi ist fast 10-mal so groß wie Deutschland.		
b)	Als Dach der Welt bezeichnet man das Himalaya-Gebirge, das Tarim-Becken und den Hindukusch.		
c)	Im Norden Asiens liegen die größten Bergketten der Erde.		
d)	Teile des Pamir sind die Bergketten Tian Shan, Karakorum, Kunlun Shan und Hindukusch.		
e)	Im Himalaya sind 10 Berggipfel über 8000 m hoch.		
f)	In der Karakorum-Bergkette ist der Nanga Parbat der zweithöchste Berg mit 8611 m.		
g)	Im Süden trifft das Tibetische Hochland auf den Himalaya.		
h)	Das Tibet-Plateau liegt ca. 1500 m über dem Meeresspiegel.		

Aufgabe 3: Korrigiere die falschen Aussagen von Aufgabe 2.

____

____

____

____

____

KOHL VERLAG STATIONENLERNEN ERDKUNDE Afrika und Asien / Klasse 7-8 – Bestell-Nr. 12 329

Station

Oberflächengestalt - Hochebenen, Gebirge, Berge (2)

Asien im Überblick

Lösungen

Aufgabe 1:

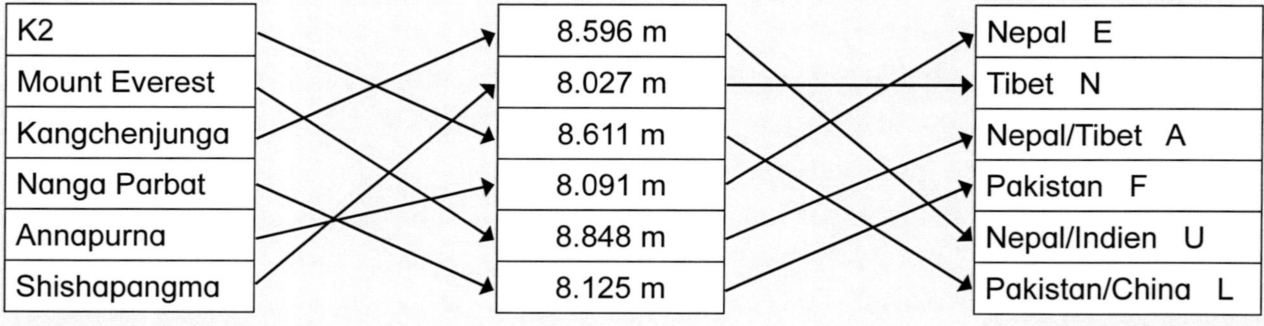

Lösungswort: LAUFEN

Aufgabe 2:

		Richtig	Falsch
a)	Die Wüste Gobi ist fast 10-mal so groß wie Deutschland.	X	
b)	Als Dach der Welt bezeichnet man das Himalaya-Gebirge, das Tarim-Becken und den Hindukusch.		X
c)	Im Norden Asiens liegen die größten Bergketten der Erde.		X
d)	Teile des Pamir sind die Bergketten Tian Shan, Karakorum, Kunlun Shan und Hindukusch.	X	
e)	Im Himalaya sind 10 Berggipfel über 8000 m hoch.	X	
f)	In der Karakorum-Bergkette ist der Nanga Parbat der zweithöchste Berg mit 8611 m.		X
g)	Im Süden trifft das Tibetische Hochland auf den Himalaya.	X	
h)	Das Tibet-Plateau liegt ca. 1500 m über dem Meeresspiegel.		X

Aufgabe 3: **b)** „Dach der Welt“ = Pamir + Tibetisches Hochland + Himalaya-Gebirge.

c) In der Mitte Asiens liegen die größten Bergketten der Erde.

f) In der Karakorum-Bergkette ist der K2 der zweithöchste Berg mit 8611 m.

h) Das Tibet-Plateau liegt ca. 3500 m über dem Meeresspiegel.

Station

!★ Asien im Überblick

Flüsse und Seen (1)

Aufgabe 1: Welcher Fluss ist es, von welchem Land mündet er in welches Meer?

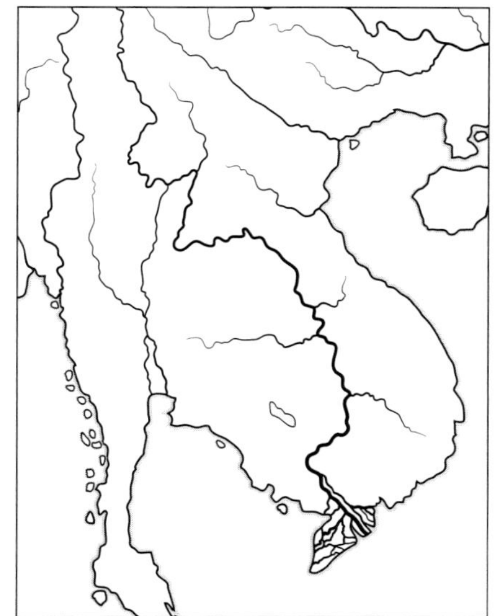

Der Fluss:	
mündet vom Land:	
in:	

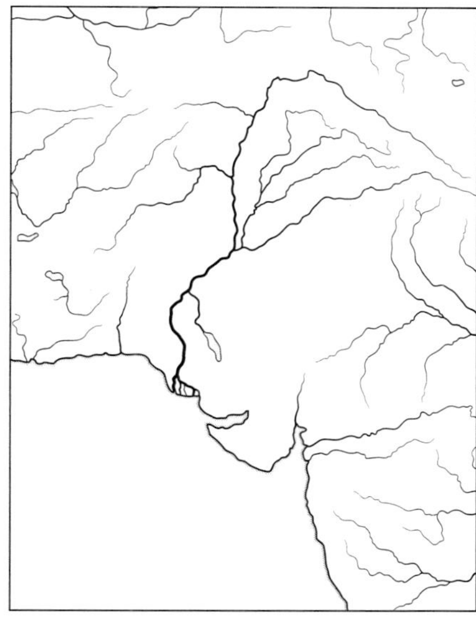

Der Fluss:	
mündet vom Land:	
in:	

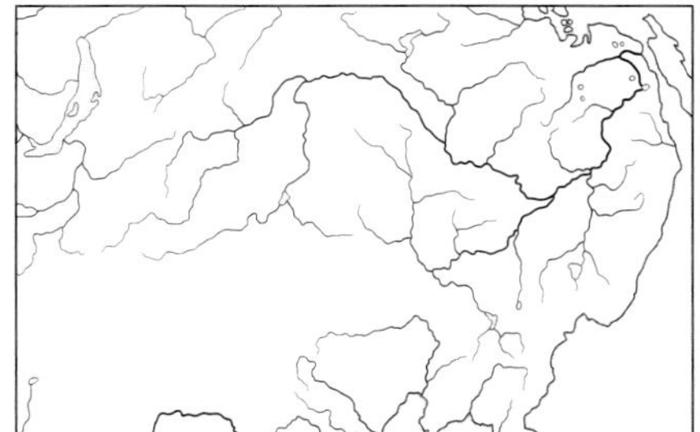

Der Fluss:	
mündet vom Land:	
in:	

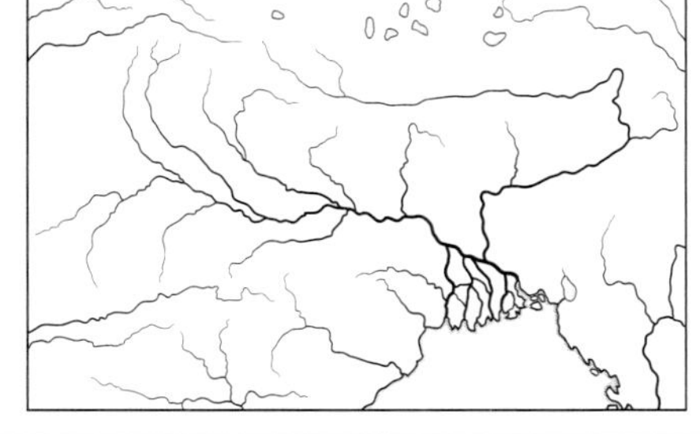

Der Fluss:	
mündet vom Land:	
in:	

Aufgabe 2: Nenne die Quellgebiete dieser 4 Flüsse, schaue im Internet nach.

____

____

____

____

____

STATIONENLERNEN ERDKUNDE
Afrika und Asien / Klasse 7-8 – Bestell-Nr. 12 329
KOHL VERLAG

Station

Flüsse und Seen (1)

Lösungen

Lena in Ost-Sibirien

Mekong in Vietnam

Huang He in China

Ganges in Indien

Aufgabe 1:

Der Fluss:	Mekong
mündet vom Land:	Vietnam
in:	Süd-Chinesisches Meer

Der Fluss:	Indus
mündet vom Land:	Pakistan
in:	Arabisches Meer

Der Fluss:	Amur
mündet vom Land:	Russland
in:	Ochotskisches Meer

Der Fluss:	Ganges/Brahmaputra
mündet vom Land:	Indien/Bangladesch
in:	Golf von Bengalen

Aufgabe 2:

Mekong: Qinghai-Tibet-Plateau

Indus: Trans-Himalaya in Tibet

Amur: Zusammenfluss von Argun und Schilka.

Ganges/Brahmaputra: Der Ganges hat zwei Quellflüsse, den Bhagirata und den Alakanada. Sie entspringen im Himalaja-Gebirge in etwa 4000 m Höhe. Der Brahmaputra entspringt am „Berg der Götter", dem Kailash.

Station

!!✶

Asien im Überblick

Flüsse und Seen (2)

Aufgabe 1: Prüfe die folgenden Aussagen. Kreuze an, ob sie richtig oder falsch sind.

		Richtig	Falsch
a)	Die Lena ist der längste Fluss in Russland.		
b)	Zusammen mit der Angara ist der Ob 5540 km lang.		
c)	Der Indus ist der wichtigste Strom Indiens.		
d)	Huang He (= Gelber Fluss) heißt er wegen seiner gelblichen Färbung.		
e)	Der Jangtsekiang teilt das Land in Nord- und Süd-China.		
f)	Der Euphrat ist der heiligste Fluss der Hindus.		
g)	Der Mekong mündet in den Golf von Bengalen.		
h)	Der Irtysch ist ein Nebenfluss des Amur.		
i)	Der Baikalsee ist der größte Süßwassersee der Welt.		
j)	Die Lena entspringt im Baikalgebirge.		
k)	Der Ganges fließt durch Indien und Bangladesch.		
l)	Der Euphrat mündet im arabischen Meer.		

Aufgabe 2: Korrigiere die falschen Aussagen von Aufgabe 1.

____

____

____

____

Aufgabe 3: Ergänze die folgende Tabelle.

Fluss	Länge km	Durchquerte Länder	Mündungsgebiet
Amur	2824		
Ob			Obbusen/Kara-See
	3000		Ganges-Delta
	4500	China, Myanmar, Thailand, Laos, Kambodscha, Vietnam	
	4845	China	
Jenissei		Mongolei, Russland	
	3180		Arabisches Meer

KOHL VERLAG STATIONENLERNEN ERDKUNDE Afrika und Asien / Klasse 7-8 – Bestell-Nr. 12 329

Station

Asien im Überblick

Flüsse und Seen (2)

Lösungen

Aufgabe 1:

		Richtig	Falsch
a)	Die Lena ist der längste Fluss in Russland.	X	
b)	Zusammen mit der Angara ist der Ob 5540 km lang.		X
c)	Der Indus ist der wichtigste Strom Indiens.		X
d)	Huang He (= Gelber Fluss) heißt er wegen seiner gelblichen Färbung.	X	
e)	Der Jangtsekiang teilt das Land in Nord- und Süd-China.	X	
f)	Der Euphrat ist der heiligste Fluss der Hindus.		X
g)	Der Mekong mündet in den Golf von Bengalen.		X
h)	Der Irtysch ist ein Nebenfluss des Amur.		X
i)	Der Baikalsee ist der größte Süßwassersee der Welt.	X	
j)	Die Lena entspringt im Baikalgebirge.	X	
k)	Der Ganges fließt durch Indien und Bangladesch.	X	
l)	Der Euphrat mündet im arabischen Meer.		X

Aufgabe 2:

b) Zusammen mit der Angara ist der Jenissei 5540 km lang.
c) Der Indus ist der wichtigste Strom Pakistans.
f) Der Ganges ist der heiligste Fluss der Hindus.
g) Der Mekong mündet in das Süd-Chinesische Meer.
h) Der Irtysch ist ein Nebenfluss des Ob.
l) Der Euphrat mündet im persischen Golf.

Aufgabe 3: Ergänze die folgende Tabelle.

Fluss	Länge km	Durchquerte Länder	Mündungsgebiet
Amur	2824	Russland, China (Grenzfluss)	Tatarensund/ Ochotskisches Meer
Ob	3650	Russland	Obbusen/Kara-See
Brahmaputra	3000	China, Indien, Bangladesch	Ganges-Delta
Mekong	4500	China, Myanmar, Thailand, Laos, Kambodscha, Vietnam	Süd-Chinesisches Meer
Huang He	4845	China	Gelbes Meer
Jenissei	3487	Mongolei, Russland	Kara-See/Nord-Polarmeer
Indus	3180	China, Indien, Pakistan	Arabisches Meer

Station

⊙!✶

Asien im Überblick

Klimazonen

Aufgabe 1: Füge die Puzzleteile zu einem Gesamtbild Asiens zusammen

Aufgabe 2: Zeichne den Äquator und die Breitengrade 20° n.B., 40° n.B., 60° n.B. und 20° s.B. ein.

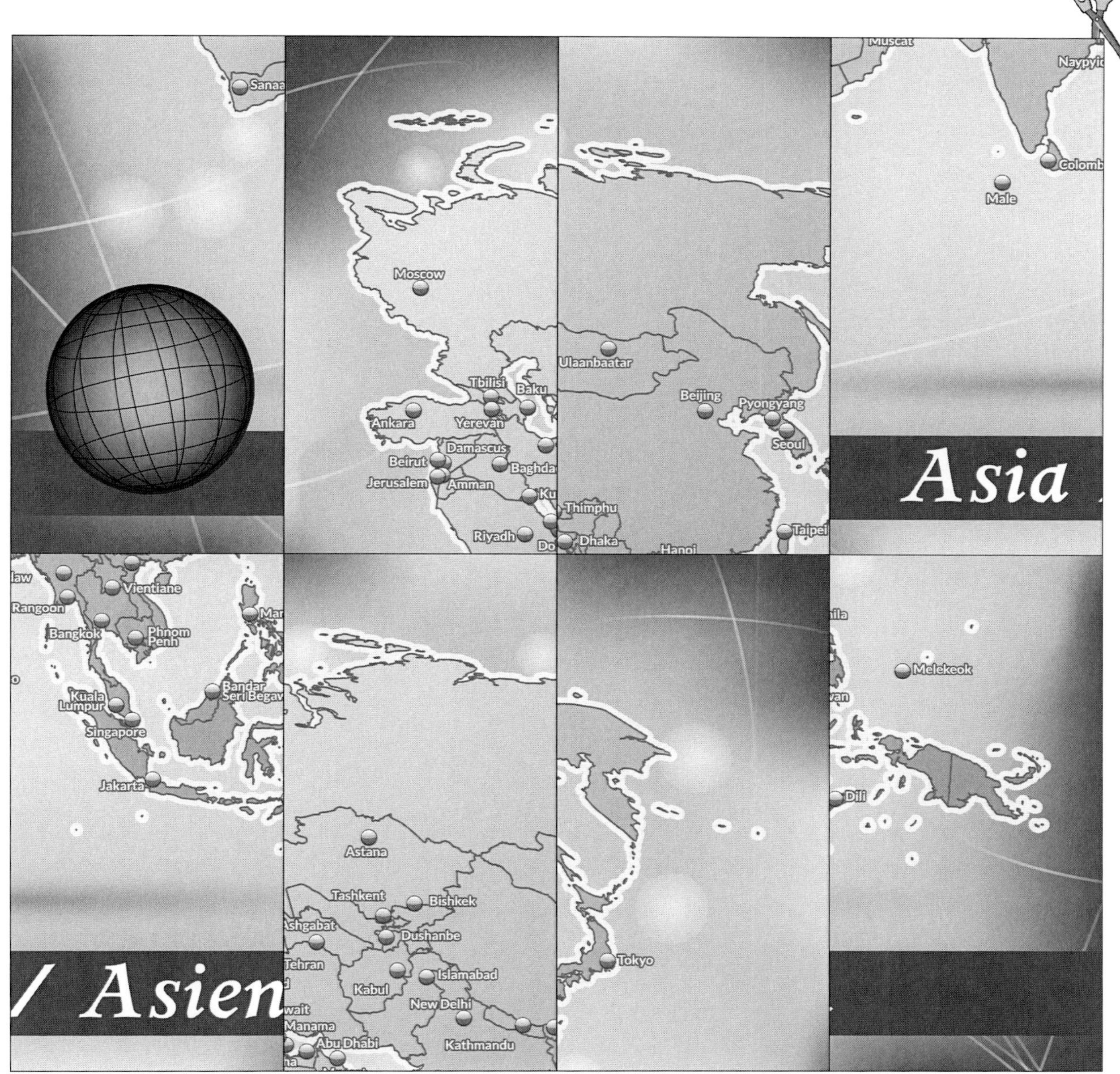

Aufgabe 3: Trage die zu den Ländern passenden Klimazonen ein.

Land	Klimazone
Iran	
Indonesien	
Mongolei	

Land	Klimazone
Kasachstan	
Malaysia	
Pakistan	

STATIONENLERNEN ERDKUNDE
Afrika und Asien / Klasse 7-8 – Bestell-Nr. 12 329
KOHL VERLAG

Klimazonen

Aufgabe 1+2:

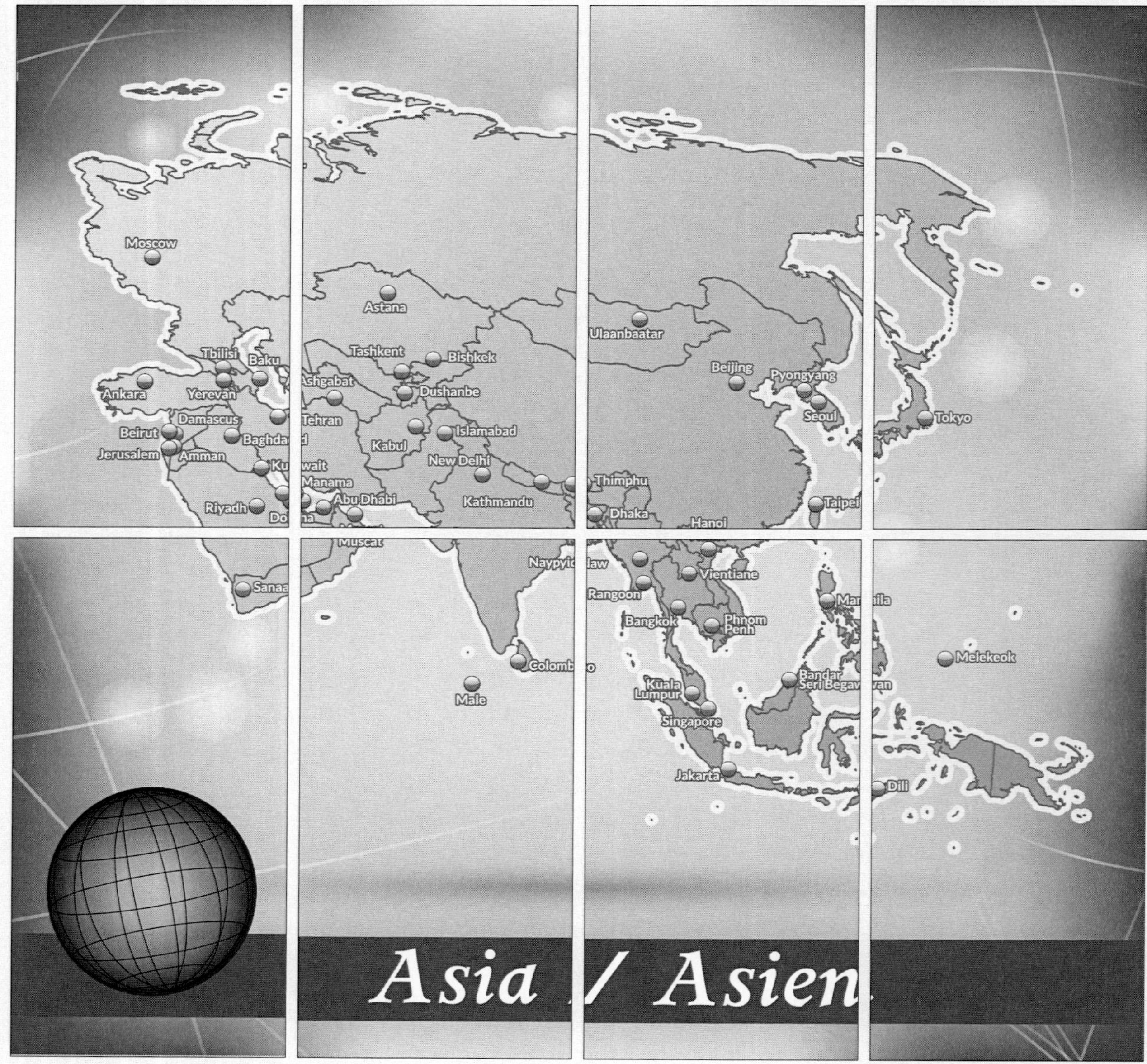

Aufgabe 3: Trage die zu den Ländern passenden Klimazonen ein.

Land	Klimazone
Iran	Subtropische Zone
Indonesien	Tropische Zone
Mongolei	Gemäßigte Zone

Land	Klimazone
Kasachstan	Gemäßigte Zone
Malaysia	Tropische Zone
Pakistan	Subtropische Zone

Infoblatt

Gradnetz der Erde

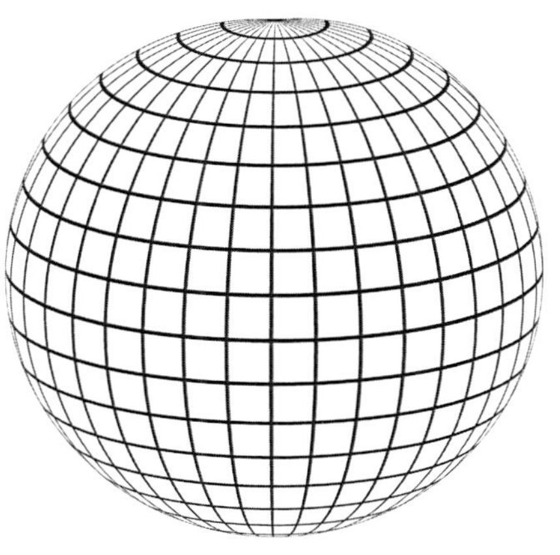

Die Erde (der Globus) ist mit einem Netz von Linien überzogen.

- Linien, die von Westen nach Osten verlaufen, nennt man Breitenkreise.
- Linien, die von Norden nach Süden verlaufen, heißen Längenkreise.

Längen- und Breitenkreise bilden ein weltumspannendes Liniennetz und dienen der Orientierung.

Breiten- und Längenkreise bilden das Gradnetz der Erde und sind auf Globen und Karten eingezeichnet. Mithilfe von Längen- und Breitenangaben kann jeder Ort/jeder Punkt auf der Erde exakt angegeben werden: Als Schnittpunkt eines Breitengrades mit einem Längengrad.

Beispiel: Die Gradnetzangaben für Bielefeld in Nordrhein-Westfalen lauten:

52°n.B. (nördlicher Breite) / 8,5°ö.L. (östlicher Länge).

Die Linien (Breiten- und Längenkreise) werden in Grad gezählt, deshalb spricht man auch vom Gradnetz der Erde.

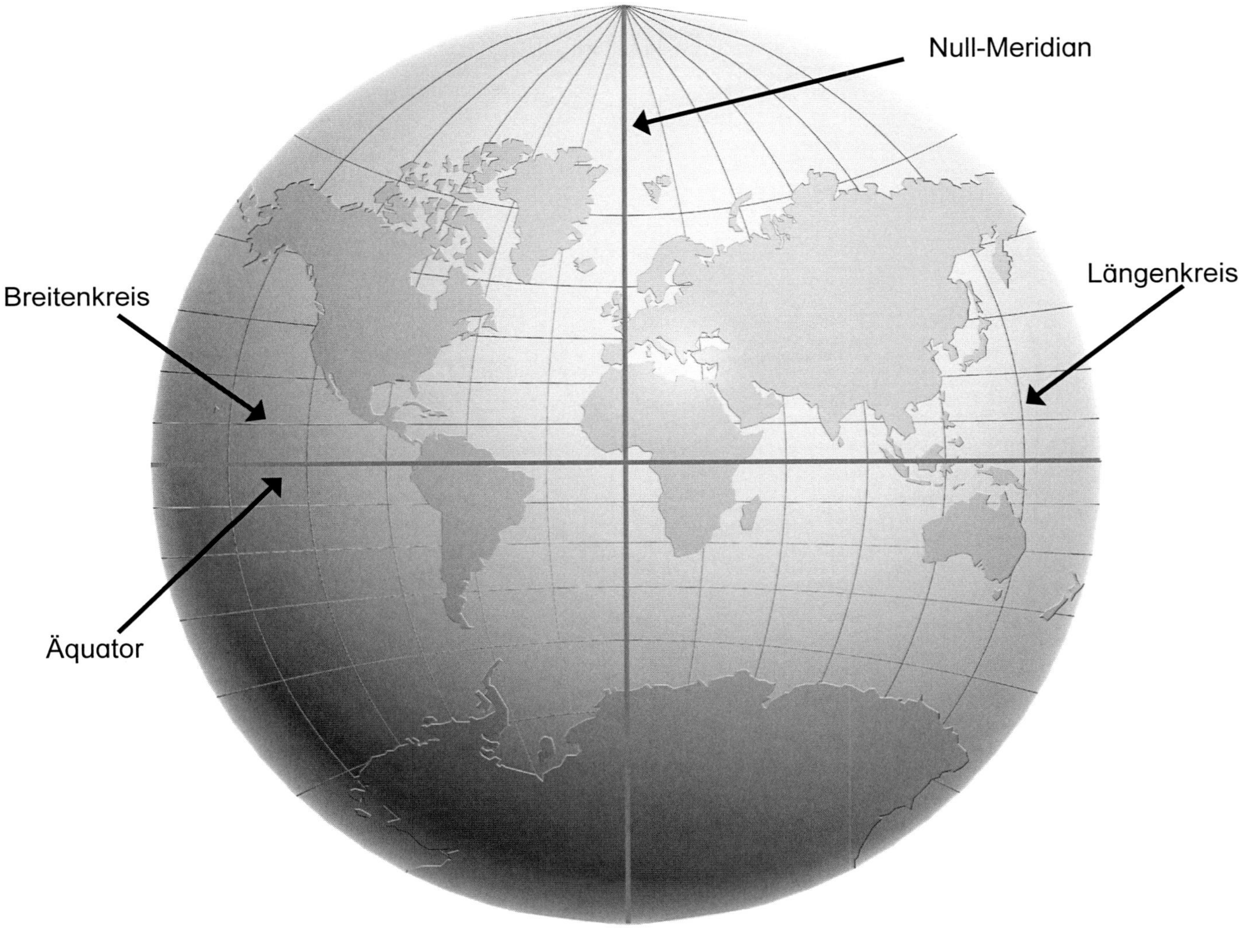

Null-Meridian

Längenkreis

Breitenkreis

Äquator

STATIONENLERNEN ERDKUNDE
Afrika und Asien / Klasse 7-8 – Bestell-Nr. 12 329
KOHL VERLAG

Gradnetz der Erde

Breitenkreise: Linien, die von Westen nach Osten verlaufen, nennt man Breitenkreise.

- Breitenkreise verlaufen in West-Ost-Richtung und werden in Grad nördlicher Breite bzw. Grad südlicher Breite angegeben.
- Der Äquator ist der längste Breitenkreis (lat. *äquus* = gleich) mit 40.076 km und teilt die Erdkugel in zwei gleich große Hälften, die Nord- und die Südhalbkugel.
- Breitenkreise verlaufen parallel zum Äquator, d.h. sie verlaufen grob gesehen waagerecht um die Erde.
- Vom Breitenkreis 0 (Äquator) ausgehend werden 90 Breitenkreise nach Norden und 90 Breitenkreise nach Süden gezählt.
- Durch die Breitenkreise kann man angeben, wie weit der Ort (Standort) in nördlicher oder südlicher Richtung vom Äquator entfernt ist.
- Breitenkreise verlaufen parallel zueinander und haben immer den gleichen Abstand von 111 km.
- Breitenkreise werden nach Norden und Süden immer kleiner.
- Nord- und Südpol sind die kleinsten Breitenkreise und erscheinen als Punkte.

Durch die Breitenkreise kann man angeben, wie weit der Ort (Standort) nördlich oder südlich vom Äquator entfernt ist. Vom Äquator ausgehend wird die Erde in eine nördliche und eine südliche Halbkugel unterteilt.

Beispiel: Hannover liegt 52,5° nördlicher Breite und 9,5° östlicher Länge.

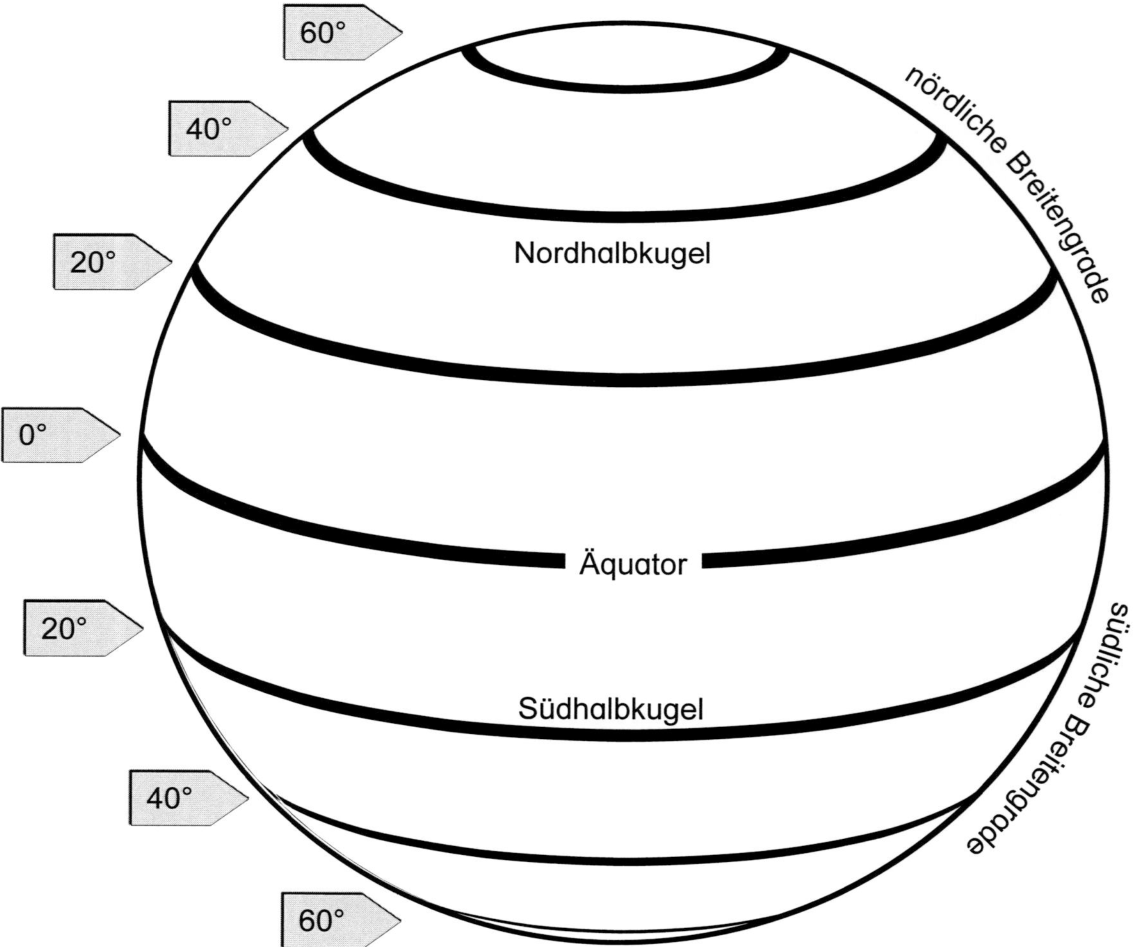

Infoblatt

Gradnetz der Erde

Längenkreise: Linien, die von Norden nach Süden verlaufen, nennt man Längenkreise.

- Längenkreise verlaufen in Nord-Süd-Richtung (vom Nordpol zum Südpol) und werden in Grad westlicher Länge bzw. östlicher Länge angegeben. Sie werden vom Nullmeridian (0°) aus gezählt.
- Der Längenkreis mit der Gradzahl 0 ist festgelegt und verläuft durch die Sternwarte von Greenwich[7] bei London (Nullmeridian).
- Der Abstand zwischen zwei Längenkreisen beträgt am Äquator 111 km und wird zu den Polen hin immer kleiner.
- Alle Längenkreise sind gleich lang. An sich müssten sie Längenhalbkreise genannt werden.
- Die Längen(halb)kreise heißen Meridiane. Der Name bedeutet „Mittagslinie" und bedeutet, dass alle Orte, die auf demselben Meridian liegen, zur gleichen Zeit „Mittag" haben. Alle Meridiane sind rund 20.000 km lang.
- Vom Längenkreis 0 aus zählt man 180 Meridiane nach Osten (östliche Länge) und 180 Meridiane nach Westen (westliche Länge). Dabei treffen die beiden letzten Meridiane aufeinander, sind also identisch. So wird die Erde in 360 (1 + 180 + 180 - 1) Meridiane unterteilt.

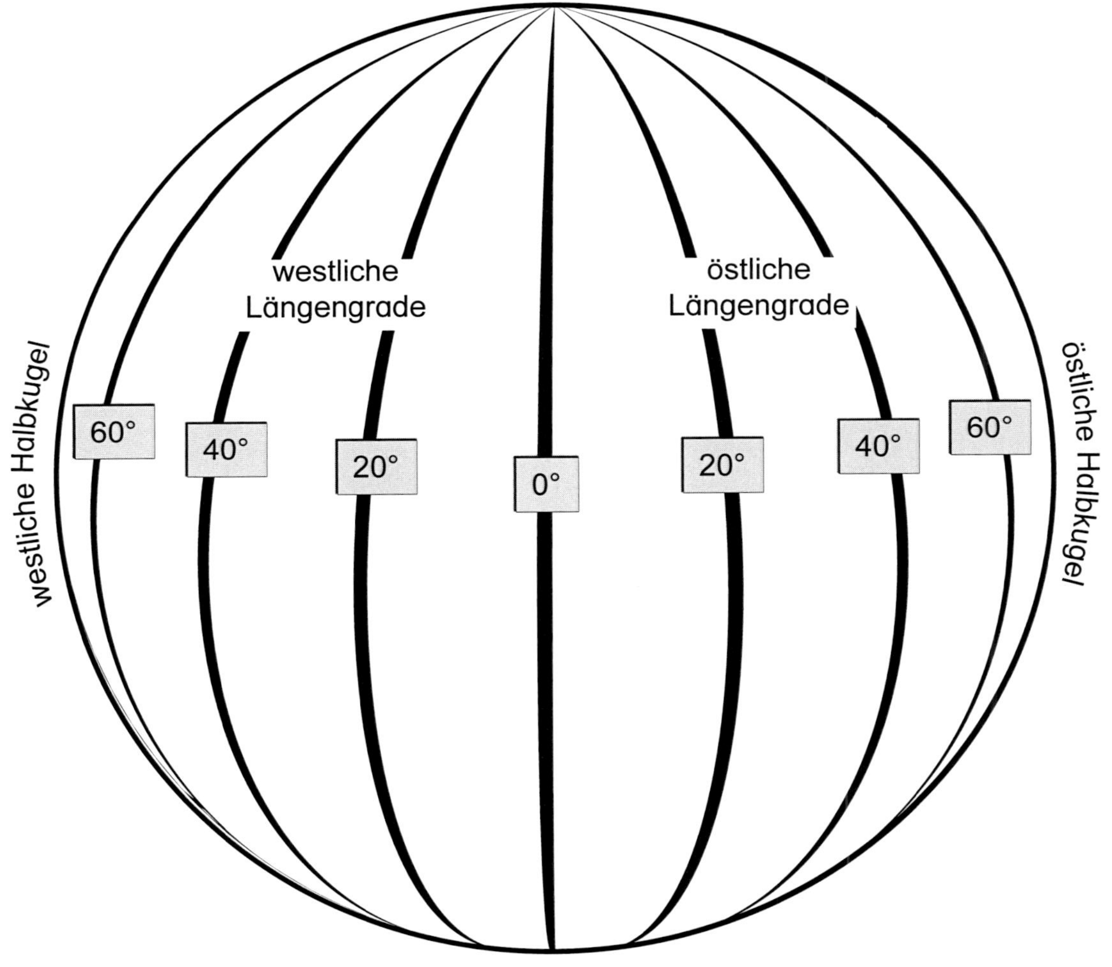

[7] Der Name Greenwich ist in der ganzen Welt bekannt, kein Wunder: Denn die Weltzeit, offiziell Universal Time (UT), wird oft als Greenwich Mean Time (GMT) angegeben. Durch diese englische Stadt verläuft nämlich der Nullmeridian und damit der Bezugspunkt für alle Längengrade der Erde.

STATIONENLERNEN ERDKUNDE
Afrika und Asien / Klasse 7-8 – Bestell-Nr. 12 329

Gradnetz der Erde

Durch die Längenkreise kann man angeben, wie weit der Ort (Standort) westlich oder östlich vom Nullmeridian entfernt ist. Vom Nullmeridian ausgehend wird die Erde in eine westliche und eine östliche Halbkugel unterteilt.

Beispiel: Buenos Aires = 35° südlicher Breite und 58° westlicher Länge.

Wichtiger Hinweis: Die Längenkreise (-grade) sind auch für die Bestimmung der Zeitzonen auf der Erde von großer Bedeutung. Auf einem Längengrad gilt grundsätzlich überall auf der Welt die gleiche Sonnenzeit, deshalb haben wir in Deutschland die gleiche Zeit wie im nordafrikanischen Algerien, sind aber eine Stunde weiter als im wesentlich näher liegenden Großbritannien.

Wichtige Punkte in der Übersicht ...

Gradnetz der Erde[8]

180 Breitenkreise

Paralleler Verlauf von West nach Ost

Vom Äquator ausgehend:

- 90 Grad nach Norden
- 90 Grad nach Süden
- größter Breitenkreis = Äquator
- kleinste Breitenkreise = Pole

360 Längen(halb)kreise

Verlauf als Halbkreise von Nord nach Süd – von Pol zu Pol

Vom Nullmeridian ausgehend:

- 180 Grad nach Osten
- 180 Grad nach Westen

Mit Hilfe von Längen- und Breitenangaben kann jeder Ort/jede Position auf der Erde exakt angegeben werden: Als Schnittpunkt eines Breitengrades mit einem Längengrad.

Beispiel: Die Gradnetzangaben für Erfurt (Thüringen) lauten z.B.:

51°n.B. (nördlicher Breite) / 11°ö.L. (östlicher Länge).

Warum wurde das Gradnetz eingeführt?
Durch die Breiten- und Längengrade wird eine genaue Lokalisierung eines Ortes auf der Erde – auf dem Land oder auf dem Wasser – möglich.

Ohne die Angaben von Breiten- und Längengraden wäre eine koordinierte Reise mit einem Flugzeug, einem Schiff oder sogar einem Auto mit Navigationssystem nicht möglich.

[8] ausführliche Erläuterungen siehe „Das Gradnetz der Erde“, Kohl-Verlag 2018

Infoblatt

Warum gibt es Zeitzonen?

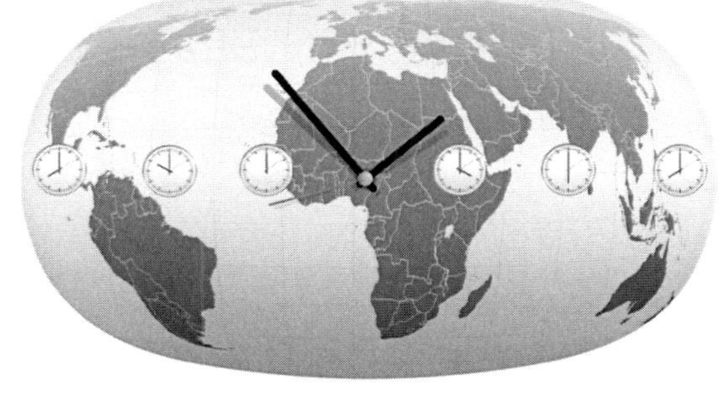

Früher besaß jeder Ort seine eigene Uhrzeit, die sich ausschließlich nach der Sonne richtete. Hatte die Sonne ihren höchsten Stand erreicht, stand die Sonne im Zenit[9], war es 12.00 Uhr mittags. Die anderen Uhrzeiten leiteten sich hiervon ab.

Wenn man von einem Ort in einen anderen reiste, orientierte man sich immer an der Zeit des jeweiligen aktuellen Standortes.

Erst durch die Entstehung der Eisenbahn ergab sich die Notwendigkeit einer gemeinsam gültigen Uhrzeit, um überregional gültige Fahrpläne erstellen zu können. Die nordamerikanischen Eisenbahngesellschaften führten 1883 vier große Zeitzonen ein. Im Deutschen Reich wurde 1893 mit dem „Gesetz betreffend der Einführung einer Einheitlichen Zeitbestimmung" eine einheitliche Uhrzeit in Deutschland amtlich verordnet.

Was ist eine Zeitzone?

Rein theoretisch könnte man die Erdkugel in 24 gleich große Bereiche aufteilen, die sich an den Längengraden orientieren. Jeder Teilbereich (jede Zeitzone) umfasst 15 Längengrade → 24 • 15 = 360. Beim Wechsel von einem Teilbereich/einer Zeitzone in eine benachbarte Zeitzone verschiebt sich die festgelegte Zeit um eine Stunde. In der Praxis verlaufen die Zeitzonen aber nicht so gradlinig. Viele Länder möchten, dass für ihr gesamtes Staatsgebiet eine einheitliche Zeit gilt. Große Länder wie Russland oder die USA bilden da Ausnahmen.

Grundsätzlich entscheidet auch jedes Land selbst, welcher Zeitzone es angehören möchte. Manche Länder orientieren sich an Nachbarländern oder an Wirtschaftsräumen und weichen dabei von den Grenzen der idealen Zeitzone ab. Auf den Weltmeeren sind die Zeitzonen sehr nah am Idealzustand, weil es hier um die internationale Schifffahrt und evtl. militärische Interessen geht.

Seit wann gibt es Zeitzonen?

Die Einteilung in Zeitzonen wurden erstmals von Sir Sandford Fleming[10] vorgeschlagen. Auf der Internationalen Meridian Konferenz am 13. Oktober 1884 in Washington DC wurde die Erde in 24 Zeitzonen aufgeteilt. Auf dieser Konferenz wurde auch der Nullmeridian (Greenwich-Meridian) festgelegt. Seitdem wird die Weltzeit oft als Greenwich Mean Time (GMT) angegeben. Greenwich ist ein Stadtteil im Zentrum Londons. Der Nullmeridian ist der Bezugspunkt für alle Längengrade der Erde. Die 24 Zeitzonen der Erde umfassen theoretisch jeweils 15° geographischer Länge.

[9] Der höchste Stand eines Gestirns am Himmel über einem Bezugspunkt auf der Erde.

[10] Sir Sandford Fleming war ein bedeutender kanadischer Ingenieur schottischer Herkunft. Er arbeitete als Chef-Ingenieur bei der Canadian Pacific Railway.

STATIONENLERNEN ERDKUNDE
Afrika und Asien / Klasse 7-8 – Bestell-Nr. 12 329

Infoblatt

Warum gibt es Zeitzonen?

Zeitzonen orientieren sich am Längengrad

Im Normalfall ist jede Zeitzone 15 Längengrade breit. Die Zeitzonen verlaufen in gedachten Linien vom Nordpol zum Südpol. Häufig sind aber die Zeitzonengrenzen aus politischen und wirtschaftlichen Gründen „verzerrt", sodass man nicht mehr von gerade verlaufenden Zeitzonen sprechen kann. Die gesetzliche Zeit ändert sich von einer Zeitzone zur nächsten Zeitzone um 1 Stunde.

Die Längengrade haben einen großen Einfluss auf die Zeitzonen.

Auf einem Längengrad ist überall auf der Welt die gleiche Sonnenzeit. Deswegen haben wir in Deutschland die gleiche Zeit wie im tausende Kilometer südlicher gelegenen Nigeria, sind aber eine Stunde weiter als Großbritannien, das nur wenige hundert Kilometer westlich von uns entfernt ist.

Beispiele:

- Die Westeuropäische Zeit (WEZ) reicht von 7,5° westl. Länge bis 7,5° östl. Länge.
- Die Mitteleuropäische Zeit (MEZ) reicht von 7,5° östl. Länge bis 22,5° östl. Länge.

Was bedeutet UTC?

Die Abkürzung UTC steht für **Universal Time Coordinated**, früher auch offiziell als GMT (**Greenwich Mean Time**) bezeichnet. UTC ist seit dem 01.01.1982 nach Beschluss der ITU (International Telecommunications Union = Internationale Fernmelde-Union) die offizielle Bezeichnung der „Weltzeit", die sich aus der Uhrzeit und dem Datum zusammensetzt und überall auf der Welt einheitlich ist.

Unsere Zeitzone, CET/MEZ (Central European Time/Mitteleuropäische Zeit) ist der Weltzeit um eine Stunde voraus: MEZ = UTC + 1

	Die vier wichtigsten Zeitzonen Europas			
	Westeuropa	**Mitteleuropa**	**Osteuropa**	**West-Russland**
Zeitzone zur Winterzeit	Westeuropäische Zeit (WEZ)/GMT	Mitteleuropäische Zeit (MEZ)	Osteuropäische Zeit (OEZ)	Moskauer Zeit (MSK)
Zeitverschiebung	UTC	UTC + 1	UTC + 2	UTC + 3
Uhrzeit	12.00 Uhr	13.00 Uhr	14.00 Uhr	15.00 Uhr
Stadt	London	Berlin	Helsinki	Moskau
Länder in der Zeitzone	Kanarische Inseln, Färöer, Island, Irland, Portugal, Großbritannien	Albanien, Italien, Slowakei, Polen, Österreich, Belgien, Kroatien, Dänemark, Ungarn, Frankreich, Deutschland, Niederlande, Norwegen, Spanien	Bulgarien, Estland, Ukraine, Finnland, Türkei, Griechenland, Lettland, Litauen, Moldawien, Rumänien, Kaliningrad (Russland)	Weißrussland, Europäischer Teil Russlands

Infoblatt

Einteilung in Zeitzonen

Berechnen der „Uhrzeit"
Ausgangspunkt ist der schon erwähnte Nullmeridian durch den Londoner Stadtteil Greenwich.

Bei westlich vom Nullmeridian liegenden Zeitzonen werden die Stunden abgezogen, z.B.
UTC – 5 für die Eastern Standard Time (EST) an der Ostküste der USA.

<u>Die US-Staaten mit (EST)</u>
Connecticut, Delaware, District of Columbia, Großteil von Florida, Georgia, Großteil von Indiana, Ost-Kentucky, Maine, Maryland, Massachusetts, Michigan, New Hampshire, New Jersey, New York, North Carolina, Ohio, Pennsylvania, Rhode Island, South Carolina, Ost-Tennessee, Vermont, Virginia, West Virginia.

Bei östlich vom Nullmeridian liegenden Zeitzonen werden die Stunden dazugezählt.
UTC + 8 für die <u>China Standard Time</u>,
UTC + 3 für die <u>East Africa Time</u>. Z.B. in Nairobi, Hauptstadt von Kenia,
UTC + 7 für die <u>Indochina Time</u> (ICT). Z.B. in Bangkok, Hauptstadt von Thailand.

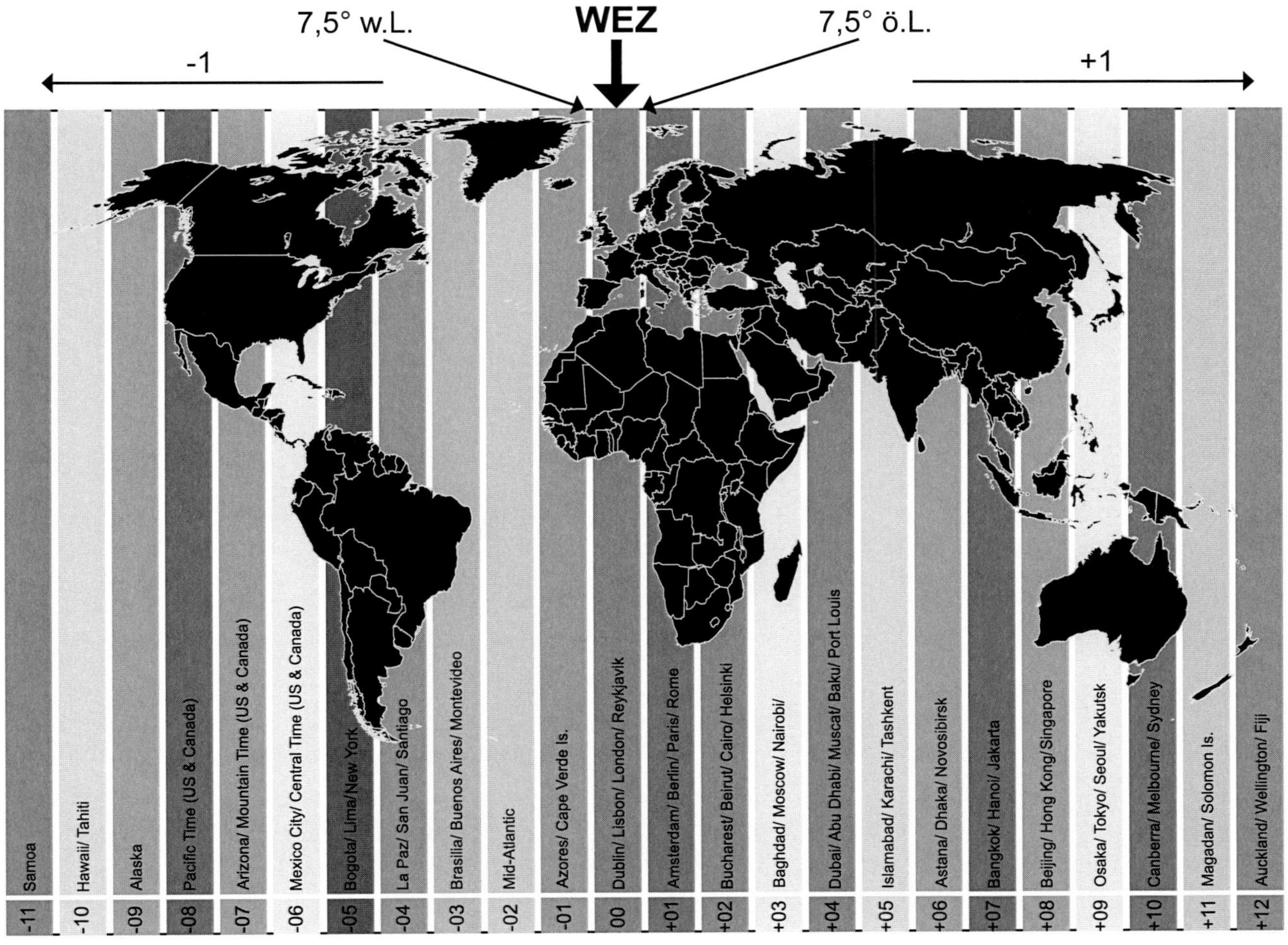

7,5° w.L.
WEZ
7,5° ö.L.
-1
+1

-11 Samoa
-10 Hawaii/ Tahiti
-09 Alaska
-08 Pacific Time (US & Canada)
-07 Arizona/ Mountain Time (US & Canada)
-06 Mexico City/ Central Time (US & Canada)
-05 Bogota/ Lima/ New York
-04 La Paz/ San Juan/ Santiago
-03 Brasilia/ Buenos Aires/ Montevideo
-02 Mid-Atlantic
-01 Azores/ Cape Verde Is.
00 Dublin/ Lisbon/ London/ Reykjavik
+01 Amsterdam/ Berlin/ Paris/ Rome
+02 Bucharest/ Beirut/ Cairo/ Helsinki
+03 Baghdad/ Moscow/ Nairobi/
+04 Dubai/ Abu Dhabi/ Muscat/ Baku/ Port Louis
+05 Islamabad/ Karachi/ Tashkent
+06 Astana/ Dhaka/ Novosibirsk
+07 Bangkok/ Hanoi/ Jakarta
+08 Beijing/ Hong Kong/ Singapore
+09 Osaka/ Tokyo/ Seoul/ Yakutsk
+10 Canberra/ Melbourne/ Sydney
+11 Magadan/ Solomon Is.
+12 Auckland/ Wellington/ Fiji

Zeitzonen der Erde, jede Zeitzone ist 15 Längengrade breit. Beim Wechsel von einer Zeitzone in eine benachbarte Zeitzone verschiebt sich die festgelegte Zeit um eine Stunde.

STATIONENLERNEN ERDKUNDE
Afrika und Asien / Klasse 7-8 – Bestell-Nr. 12 329

Einteilung in Zeitzonen

Die Realität sieht aber anders aus, weil manches Land ganz in einer Zeitzone liegen möchte wie z.B. Polen, das ganz in der MEZ liegt (siehe Schaubild unten).

Reale Zeitzonen mit den Anpassungen aus politischen und wirtschaftlichen Gründen:

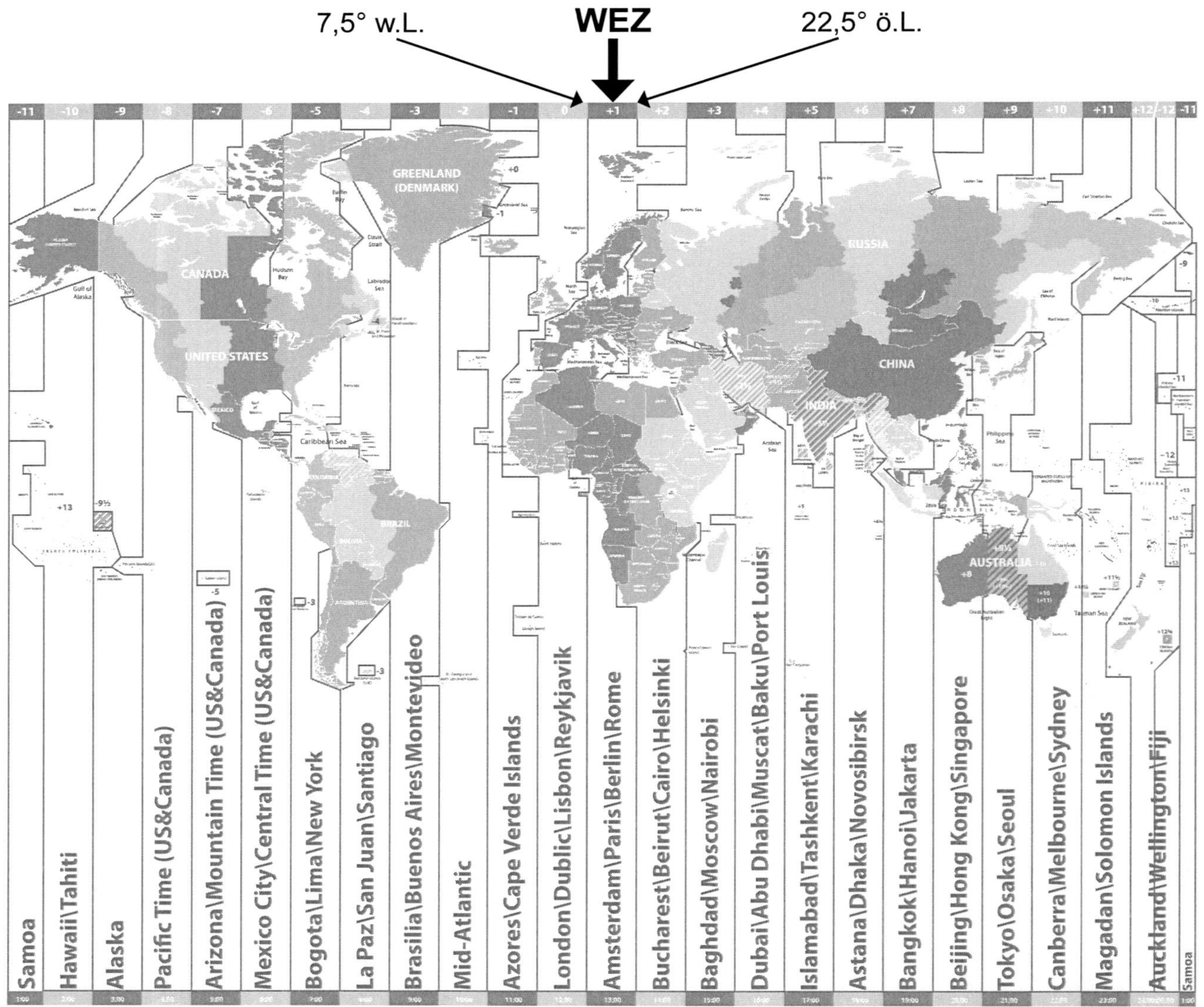

Sommerzeit

In Deutschland und den anderen Ländern der EU erfolgt am letzten Samstag des März in der Nacht zum Sonntag die Umstellung auf die sog. Sommerzeit (MESZ). Die Umstellung zurück auf Winterzeit (MEZ) erfolgt im Oktober in der letzten Nacht zum Sonntag.
Für die Sommerzeit gilt dann MESZ = MEZ + 1 = GMT + 2

Afrika „auf einen Blick“

Der Name Africa wurde erstmalig vom römischen Senator und Feldherrn Scipio Africanus (Eroberer Karthagos) verwendet. Der Begriff stammt vom Namen eines lybischen Volkes, den Afri, die in der Region der Hafenstädte Karthago und Utica lebten.

Lage

Afrika wird vom Äquator fast halbiert, auffällig ist die fast symmetrische Lage zum Äquator: zwischen 37° nördlicher Breite (Kap Blanc in Tunesien) und 34° südlicher Breite (Kap Agulhas in Südafrika).

Afrika ist sowohl nach Fläche als auch nach Bevölkerung der zweitgrößte Erdteil nach Asien.

Größe und Ausdehnung	30,22 Mio. km² Nord-Süd-Ausdehnung = ca. 8.000 km Ost-West-Ausdehnung = ca. 7.000 km
Anteil an der gesamten Landfläche der Erde	20,26 %, das ist ein Fünftel der Landfläche unserer Erde und umfasst die dreifache Größe von Europa.
Einwohner	1,3 Mrd.
Anzahl der Staaten	55
Größter Staat (Fläche)	Algerien: 2,38 Mio. km²
Größter Staat (Einwohner)	Nigeria: 181,5 Mio.
Längster Fluss	Nil: 6.671 km
Höchster Berg	Kilimandscharo in Tansania/Kenia: 5.895 m
Größter See	Victoria See in Tansania: 68.870 km²
Tiefster See	Tanganjikasee: 1.470 m

Größte Städte in Mio. Einwohner:

Kairo: 20,08
Lagos: 13,46
Kinshasa: 13,17
Luanda: 7,77
Dar es Salaam: 6,05
Khartum: 5,53
Johannesburg: 5,49
Alexandria: 5,09
Abidjan: 4,92
Kapstadt: 4,43

Völker

Bushmen, Tuareg, Massai etc. Afrika ist die Heimat von über 3.000 verschiedenen Völkern. In Nordafrika leben hauptsächlich die hellhäutigen Araber und Berber. In Südafrika und Namibia sind viele Weiße europäischer Abstammung zu finden.

Kolonialzeit

Als Wettlauf um Afrika wird die Kolonialisierung[1] des afrikanischen Kontinentes in der Hochphase des Imperialismus[2] zwischen 1880 und dem Ersten Weltkrieg bezeichnet.

[1] Unter dem Wort Kolonie versteht man, dass ein unselbstständiges Gebiet von einer fremden Staatsmacht besetzt wird und die dort lebende Bevölkerung dem direkten Druck der Besatzungsmacht ausgesetzt ist.

[2] Unter dem Begriff Imperialismus versteht man den Willen und die Fähigkeit einer Nation, ihre eigenen Wertvorstellungen, Interessen und ihre Weltanschauung weltweit geltend zu machen.

Infoblatt

Afrika „auf einen Blick“

Sprachen

Seit den 1950er Jahren werden die afrikanischen Sprachen auf Grund der Arbeiten von Joseph Greenberg[3] in vier Gruppen eingeteilt:

- Afro-asiatisch mit etwa 350 Sprachen und 350 Mio. Sprechern
- Niger-Kongo mit etwa 1400 Sprachen und 370 Mio. Sprechern
- Nilo-saharanisch mit etwa 200 Sprachen und 35 Mio. Sprechern
- Khoisan mit 28 Sprachen und 355 Tsd. Sprechern

Amtssprachen:

Arabisch, Englisch, Französisch, Portugiesisch, Spanisch, Swahili etc.

Religion:

Der überwiegende Teil der Bevölkerung gehört dem Islam und dem Christentum an.

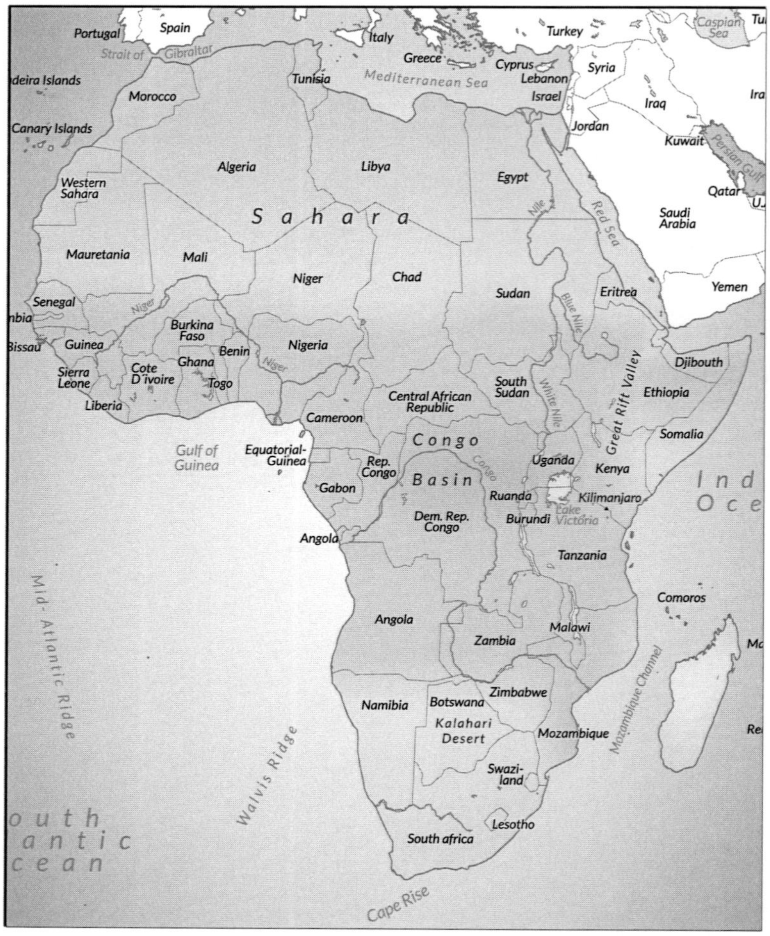

Nordafrika bis zur Sahelzone und in Ostafrika (außer Äthiopien und Eritrea):

- Islam

Westküste südlich des Sahel:

- Christentum

Viele Afrikaner pflegen auch traditionelle Kulturreligionen.

Lebensstandard:

In den meisten Ländern ist der Lebensstandard sehr niedrig. Von wenigen Ländern im Norden und Süden abgesehen sind viele Menschen stark von Armut, Hunger, Krankheit und Kriegen bedroht, die auch zu großen Flüchtlingsströmen führen.

[3] Joseph Harold Greenberg (1915 - 2001) war ein US-amerikanischer Linguist. Er ist gleichermaßen bekannt für seine Leistungen in der Sprachtypologie wie bei der Klassifikation der Sprachen Afrikas, Amerikas, Eurasiens und des indo-pazifischen Raums.

Infoblatt

Lage, Länder, Hauptstädte, Fläche, Einwohner

Der Äquator teilt Afrika fast in zwei Hälften, der Kontinent reicht jeweils bis zum 35. Breitengrad etwa gleich weit nach Norden und Süden. Auffallend ist die fast symmetrische Lage zum Äquator.

Afrika wird als einziger Kontinent von beiden Wendekreisen durchschnitten (23,5° nördlicher Breite und 23,5° südlicher Breite).

Afrika wird im Norden vom Mittelmeer, im Westen vom Atlantik, im Osten vom Indischen Ozean und im Nordosten vom Roten Meer umgeben.

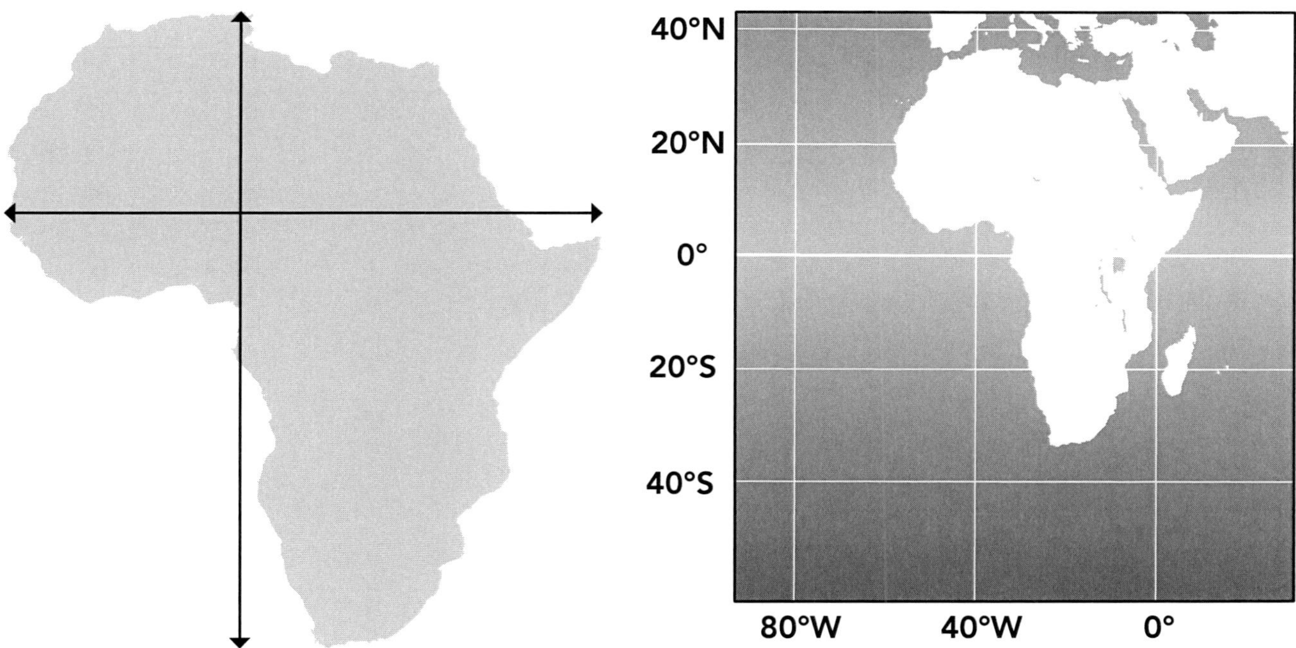

Vom nördlichsten Punkt bis zur Südspitze: ca. 8000 km.
Die größte Ost-West-Entfernung: ca. 7600 km.

- nördlichster Punkt = Kap Ben Sakka (Weißes Kap) in Tunesien
- südlichster Punkt = Kap Agulhas[1] (Kap der Nadeln) in Südafrika
- westlichster Punkt = Kap Pointe des Almadies in Senegal
- östlichster Punkt = Kap Guardafui in Somali

Afrika umfasst 55 Staaten

Auf den folgenden Seiten werden die afrikanischen Länder aufgelistet. Die Unterscheidung/Zuordnung der Länder wurden teilweise willkürlich gewählt. Einige Staaten werden manchmal auch anderen Regionen zugeordnet.

Inselgruppen wie die Azoren (Portugal) oder die Kanarischen Inseln (Spanien) gehören zwar zu Afrika, sind aber keine eigenständigen Staaten.

[1] Bartolomeus Diaz erreichte als erster europäischer Seemann 1488 diesen Punkt. Er benannte das Kap „Cabo das Agulhas", also das Kap der Nadeln

STATIONENLERNEN ERDKUNDE
Afrika und Asien / Klasse 7-8 – Bestell-Nr. 12 329

Infoblatt

Lage, Länder, Hauptstädte, Fläche, Einwohner

	Land	Hauptstadt	Fläche in km²	Einwohner	
01	Marokko (mit Westsahara)	Rabat	446.550	33.986.655	Nordafrika
02	Dem. Arabische Rep. Sahara	El Aaiún	266.000	570.866	
03	Algerien	Algier	2.381.741	40.969.443	
04	Tunesien	Tunis	163.610	11.299.400	
05	Libyen	Tripolis	1.775500	6.653.210	
06	Ägypten	Kairo	1.001.449	97.041.072	
07	Sudan	Khartum	1.861.484	36.729.501	
08	Kap Verde	Praia	4.033	546.388	Westafrika I
09	Mauretanien	Nouakchott	1.030.700	4.310.000	
10	Senegal	Dakar	196.722	15.416.000	
11	Gambia (kleinstes Land)	Banjul	11.295	2.051.363	
12	Guinea-Bissau	Bissau	36.125	1.861.283	
13	Guinea	Conakry	250.158	12.413.867	
14	Mali	Bamako	1.240.192	18.429.893	
15	Sierra Leone	Freetown	71.740	7.075.641	
16	Liberia	Monrovia	111.369	4.092.310	Westafrika II
17	Elfenbeinküste	Yamoussoukro	322.463	23.740.424	
18	Burkina Faso	Ouagadougou	267.950	20.107.509	
19	Ghana	Accra	238.537	28.834.000	
20	Togo	Lomè	56.785	7.692.000	
21	Benin	Porto-Novo	112.622	10.872.300	
22	Niger	Namey	1.267.000	21.564.000	
23	Nigeria (größte Einwohnerzahl)	Abuja	923.768	190.632.261	
24	Tschad	N`Djamena	1.284.000	15.400.000	Zentralafrika
25	Kamerun	Yaoundè	475.442	24.994.885	
26	Zentralafrikan. Republik	Bangui	622.984	4.659.000	
27	Südsudan	Juba	644.329	12.919.000	
28	Sao Tomé und Principe	Sao Tomé	1001	197.541	
29	Äquatorialguinea	Malabo	28.051	1.222.442	
30	Gabun	Libreville	267.667	2.067.561	
31	Dem. Republik Kongo	Kinshasa	2.344.858	81.331.050	
32	Republik Kongo	Brazzaville	342.000	4.954.674	
33	Ruanda	Kigali	26.338	12.988.423	
34	Burundi	Gitega	27.834	11.466.756	

Infoblatt

Lage, Länder, Hauptstädte, Fläche, Einwohner

	Land	Hauptstadt	Fläche in km²	Einwohner	
35	Eritrea	Asmara	121.100	5.100.000	Ostafrika
36	Äthiopien	Addis Abeba	1.104.300	105.350.020	
37	Dschibuti	Dschibuti (Stadt)	23.200	865.267	
38	Somalia	Mogadischu	637.657	12.300.000	
39	Uganda	Kampala	241.040	34.856.813	
40	Kenia	Nairobi	580.367	47.615.739	
41	Seychellen	Victoria	455	93.186	
42	Tansania	Dodoma, Daressalam	945.087	57.310.019	
43	Madagaskar	Antananarivo	587.295	25.570.895	
44	Komoren	Moroni	2.236	794.678	
45	Mauritius	Port Louis	2.040	1.296.303	
46	Angola	Luanda	1.246.700	25.789.024	Südafrika
47	Sambia	Lusaka	752.614	17.094.130	
48	Malawi	Lilongwe	118.480	18.622.100	
49	Mosambik	Maputo	801.590	28.861.863	
50	Namibia	Windhuk	824.116	2.324.388	
51	Botswana	Gaborone	581.730	2.214.858	
52	Simbabwe	Harare	390.757	16.150.000	
53	Südafrika	Pretoria, Kapstadt, Bloemfontein	1.221.037	56.521.900	
54	Eswatine (vor 2018 Swasiland)	Mbabane	17.363	1.451.428	
55	Lesotho	Maseru	30.355	2.007.201	

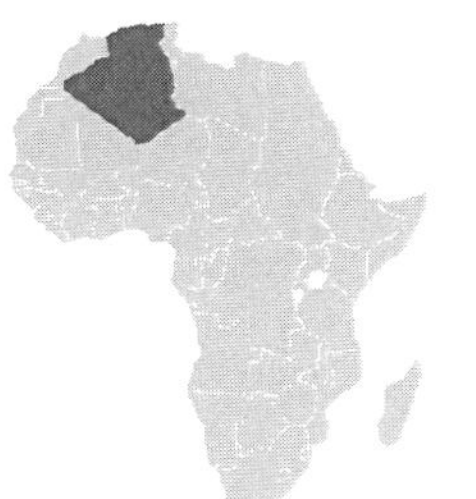

Algerien

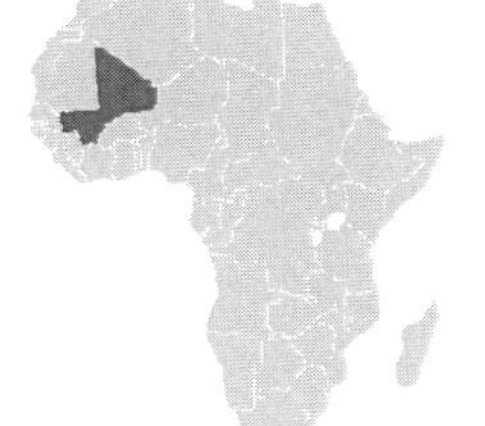

Mali

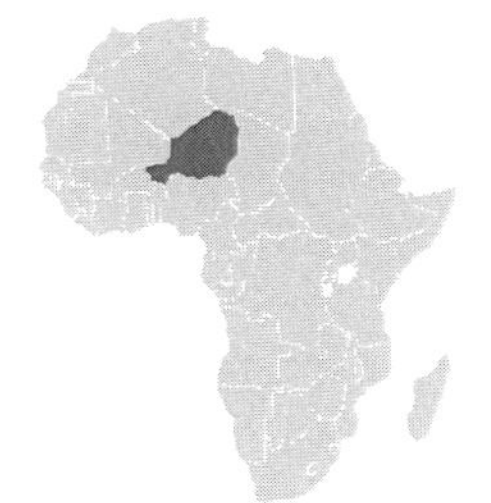

Niger

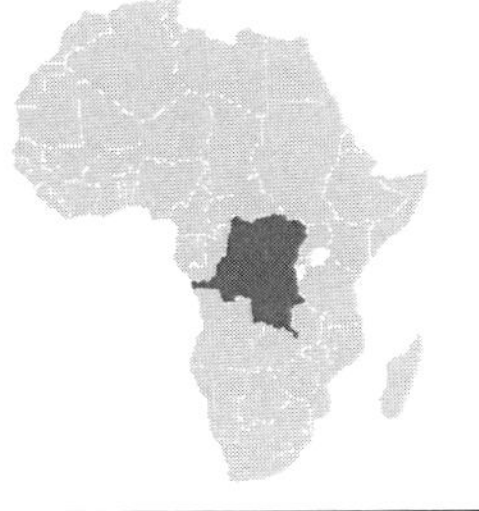

D. Rep. Kongo

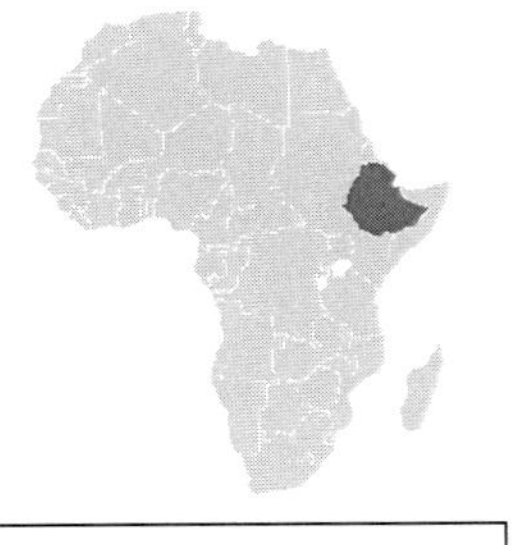

Äthiopien

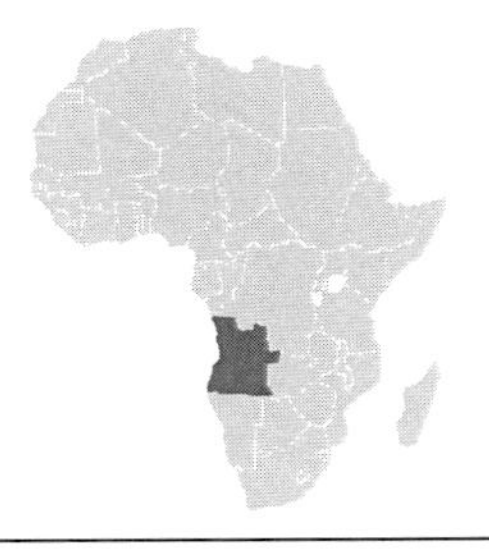

Angola

Infoblatt

Lage, Länder, Hauptstädte, Fläche, Einwohner

Infoblatt

Oberflächengestalt - Gebirge und Berge

Afrika ist der Kontinent der Becken und Schwellen. Die Oberflächengestalt Afrikas wird durch weiträumige Becken und Schwellen geprägt.

- Becken sind größere oder kleinere muldenartige Vertiefungen, die ringsum oder auf drei Seiten von Höhen umschlossen werden.
- Schwellen (Landschwellen) sind langgestreckte, meist flach verlaufende Bodenerhebungen, häufig Umrandungen von Beckenlandschaften wie hier in Afrika.

An kleinere Becken der Sahara schließen sich südlich das Niger-, Tschad- und Weißnil-Becken an. Das riesige Kongo-Becken liegt in Mittelafrika und wird im Norden durch die Asande-Schwelle und im Süden durch die Lunda-Schwelle abgeschlossen.

Im Zentrum Südafrikas liegt das Kalahari-Becken, das im Südosten von den Drakensbergen (bis 3.500 m hoch) begrenzt wird.

Beispiel: **Kalahari-Becken**

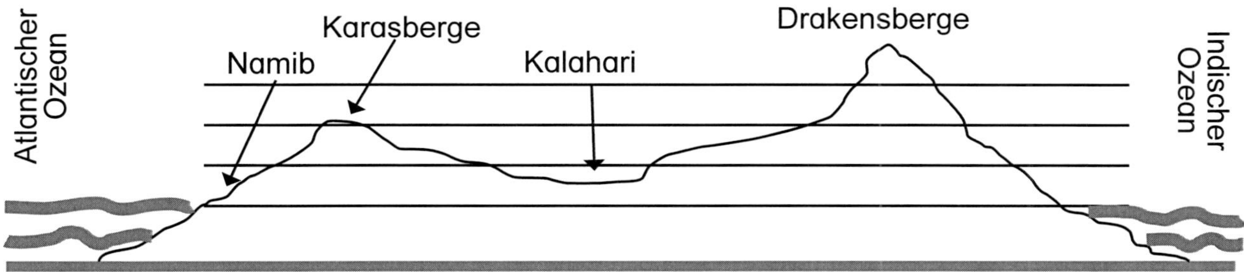

Karasberge: Ein Gebirge im Südosten von Namibia

Drakensberge

Kalahari - Sonnenuntergang

Kalahari nach der Regenzeit

Infoblatt

Oberflächengestalt - Gebirge und Berge

Afrikas Hochgebirge, Mittelgebirge und Tiefländer/Becken

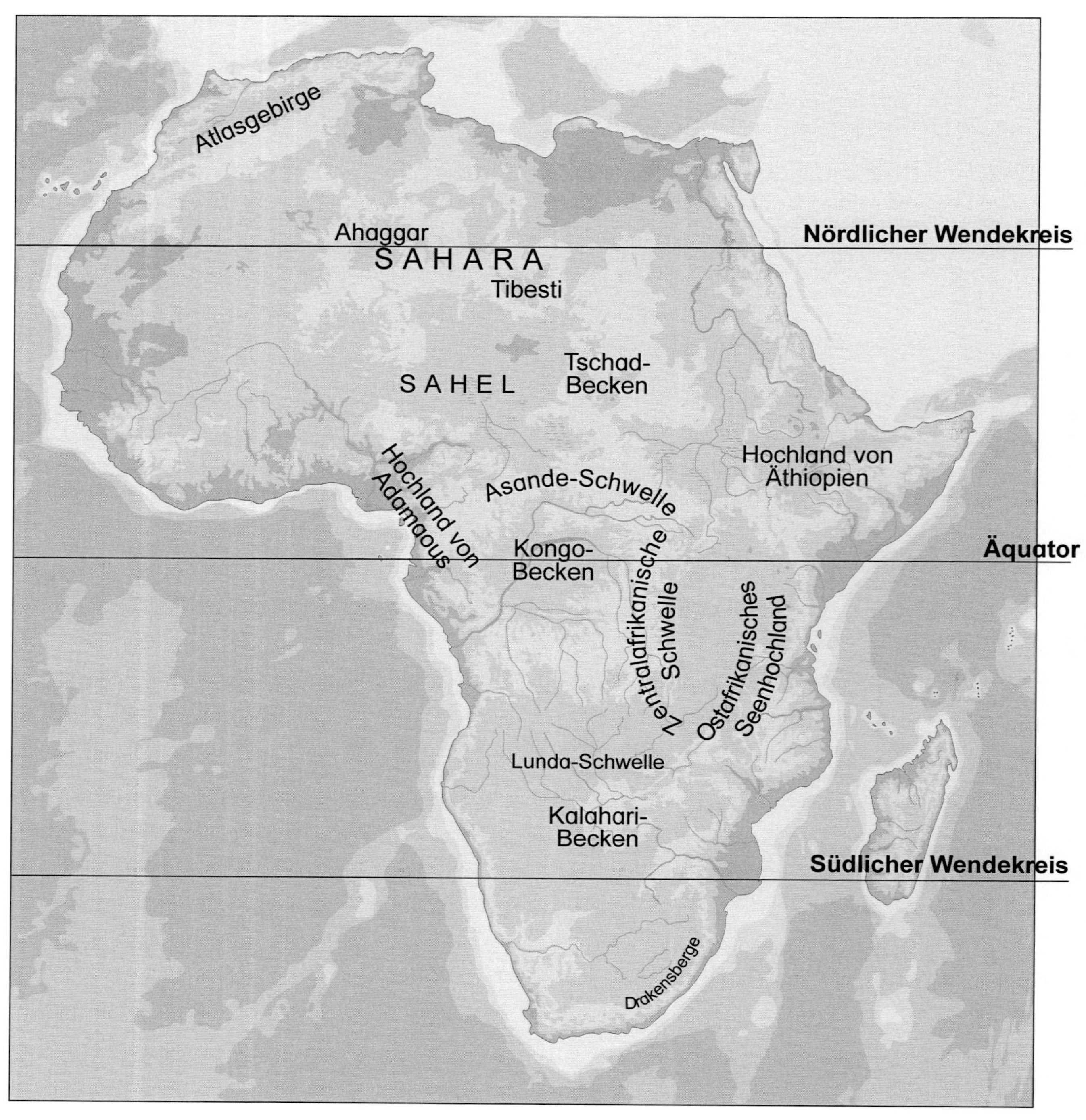

Infoblatt

Flüsse und Seen

Durch Afrika fließen große Ströme, die nicht nur lebenswichtiges Wasser mit sich führen, sondern auch für Afrikas Wirtschaft von großer Bedeutung sind, z.B. der Nil, der Kongo, der Niger und der Sambesi.

Mit 6671 Kilometern ist der Nil der längste Fluss[1] auf der Erde, er ist mehr als fünfmal so lang wie der Rhein. Der Nil entspringt in den Bergen Ruandas und Burundis und fließt dann durch Tansania, den Süd-Sudan, Sudan und dann durch Ägypten. In Khartum gehen der Weiße und der Blaue Nil ineinander über. Der Nil mündet unterhalb Kairos ins Mittelmeer.

In den Jahren 1961-1970 wurde der Assuan-Staudamm gebaut, der vor Hochwasser schützt und dank Wasserkraftwerk eine beachtliche Menge Energie liefert. Seit dem Bau des Staudamms wächst aber das Nildelta nicht mehr weiter ins Mittelmeer, sondern wird teilweise durch die Brandung abgetragen. Außerdem führt der Nil durch die intensive Bewässerung immer weniger Wasser.

Nil in Kairo

Kongo in der DR Kongo

Der zweitlängste Fluss dieses Landes ist mit 4.835 km der Kongo. Er steht zwar in seiner Länge hinter dem Nil, allerdings ist er der wasserreichste Fluss. Der Hauptstrom des Kongo bietet für Einheimische eine wichtige Reisemöglichkeit, um vom Atlantik durch das Land zu reisen. Zudem bietet der Kongo eine touristische Attraktion: sein Wasser fällt in den Livingstone-Wasserfällen ganze 275 Meter und bildet ein interessantes Naturschauspiel.

Mit 4.160 km ist der Niger der drittlängste Fluss in Afrika. Er entspringt in den Bergen von Guinea und fließt durch Mali, den Süden des nach dem Fluss benannten Landes Niger, entlang der Grenze von Benin und danach durch Nigeria und mündet in einem über 200 km breiten Delta in den Golf von Guinea. Der Niger versorgt in den Anrainerstaaten mehr als 100 Mio. Menschen mit Wasser und ist daher besonders schützenswert.

[1] Manchmal wird die Länge auch mit 6.852 km angegeben. Häufig wird auch der Amazonas als längster Strom genannt, doch der Nil ist zweifellos der längste Strom.

STATIONENLERNEN ERDKUNDE
Afrika und Asien / Klasse 7-8 – Bestell-Nr. 12 329

Infoblatt

Flüsse und Seen

Der Sambesi ist mit 2.660 km der viertlängste Fluss Afrikas. Er entspringt im Zambezi Source National Forest in Sambia, an der Grenze zwischen Demokratischer Republik Kongo und Angola. Er fließt durch Angola, Sambia und Mosambik, wo er im 880 km² großen Delta in den Indischen Ozean mündet. Bei den Victoria Falls in Simbabwe fällt das Wasser bis zu 110 m in die Tiefe. Der Sambesi speist die zwei großen Wasserkraftwerke der Kariba-Talsperre sowie der Cabora-Bassa-Talsperre, die zur zentralen Elektrizitätsversorgung der Republik Südafrika wichtig sind.

Niger bei Niamey in Niger

Victoria Falls

Die 10 längsten Flüsse in Afrika in der Übersicht

	Name	Länge in km	Mündung
1	Nil	6.671	Mittelmeer
2	Kongo	4.835	Atlantik
3	Niger	4.160	Golf von Guinea - Atlantik
4	Sambesi	2.660	Indischer Ozean
5	Ubangi	2.280	Nebenfluss des Kongo
6	Kasai	2.200	Nebenfluss des Kongo in Zentralafrika
7	Shebele	1.950	Indischer Ozean
8	Blauer Nil	1.900	Nil
9	Volta	1.900	Golf von Guinea - Atlantik
10	Oranje	1.860	Indischer Ozean

Sambesi

Oranje

Infoblatt

Flüsse und Seen

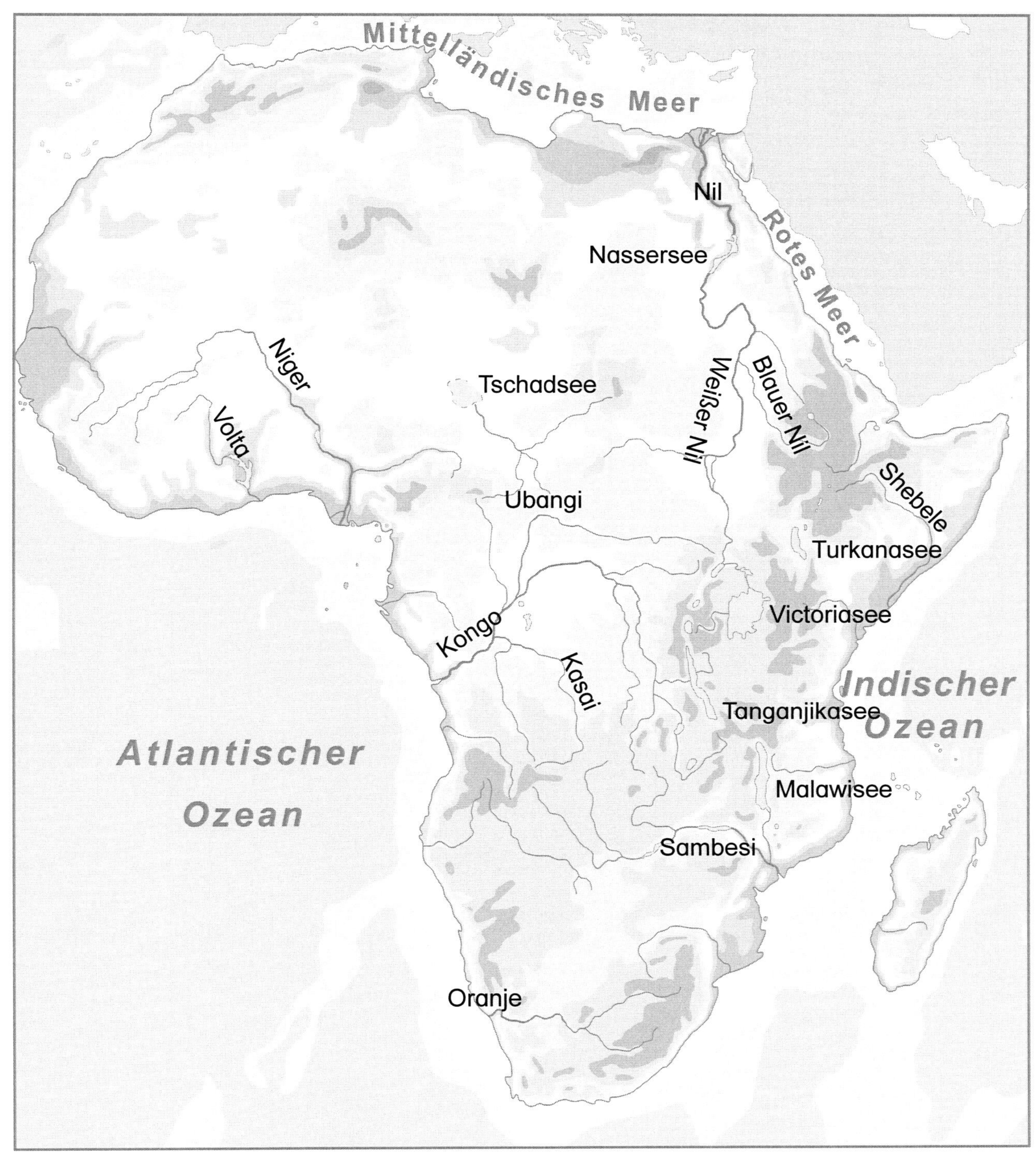

STATIONENLERNEN ERDKUNDE
Afrika und Asien / Klasse 7-8 – Bestell-Nr. 12 329
KOHL VERLAG

Infoblatt

Flüsse und Seen

Die größten Seen[2] in Afrika

Die Seen Afrikas waren und sind nicht nur als Teil der Natur von großer Bedeutung, sie haben auch eine besondere historische, kulturelle und wirtschaftliche Relevanz für viele afrikanische Länder.

	Name	km^2	Staaten	Besonderheiten
1	Victoria-See	68.894	Kenia, Tansania, Uganda	vielartige Pflanzen- und Tierwelt, Flusspferde
2	Tanganjika-See	32.893	Tansania, DR Kongo, Sambia, Burundi	eines der artenreichsten Gewässer der Welt, Nilkrokodile
3	Tschad-See	20.700	Tschad, Kamerun, Nigeria, Niger	abflussloser Binnensee, liegt am Südrand der Sahara beim Ländereck Tschad, Kamerun, Nigeria und Niger
4	Malawi-See	29.600	Malawi, Mosambik, Tansania	berühmt für seine vielen Buntbarscharten, seine Seeadler und Flusspferde.
5	Turkana-See	6.405	Kenia, Äthiopien	versalzt immer mehr bei sinkendem Wasserspiegel, da der See zwar Zuflüsse hat, aber durch Verdunstung mehr Wasser verliert und sich die Mineralsalze anreichern.
6	Albert-See	5.345	auf der Grenze von Uganda zur DR Kongo	das Gewässer mit den meisten Fischen in Afrika
7	Eduard-See	2.325	DR Kongo, Uganda	südlich hinter dem Ruwenzori-Gebirge
8	Kivu-See	2.401	Zentralafrika, auf der Grenze von Ruanda zur DR Kongo	vergleichsweise artenarm und mit nur etwa 35 Fischarten

[2] Ein See ist ein *Gewässer* mit oder ohne Zu- und Abfluss durch Fließgewässer, das vollständig von einer Landfläche umgeben ist. Man unterscheidet auf natürliche Weise entstandene Seen oder künstliche angelegte Seen, z.B. Stauseen = Assuan-Stausee.

Infoblatt

Klimazonen – Klimawandel

Vielfältig wie seine Länder und Kulturen ist auch das Klima Afrikas. Von mediterranen Zonen am Mittelmeer über tropische Regenwälder bis hin zu den staubtrockenen Wüsten. Große Teile von Zentral- und West-Afrika sind von tropischem Regenwald bedeckt. Afrika liegt zwischen 37° nördlicher Breite und 34° südlicher Breite. Auffallend ist die fast symmetrische Lage zum Äquator. Afrika liegt zu 75% in der tropischen Zone.

nördlicher Wendekreis
Äquator
südlicher Wendekreis

Um die Wendekreise sind große Wüsten entstanden, im Norden die Sahara, im Süden die Namib und die Kalahari als Trockensavanne. Im hohen Norden und weit im Süden Afrikas regnet es bei mediterranem Klima eher wenig, in der Sahelzone regnet es kaum, und in den Wüstenregionen fällt fast kein Niederschlag. In den afrikanischen Wüstenregionen gibt es extreme Temperaturschwankungen während eines Tages. Größere Mengen an Niederschlägen fallen in Zentralafrika, den Regionen nahe dem Äquator und den Tropengebieten. Besondere klimatische Bedingungen herrschen in Südafrika, wo das mediterrane Klima für warme Sommer und kalte Winter sorgt.

Klimazone	Breitenlage	Temperaturen	Vegetation
Tropische Zone	**20° - 0°**	**Wärmster Monat**: meist über 18°C; **Kältester Monat**: meist über 18°C; **Jahresamplitude**: meist unter 5°C; (keine thermischen Jahreszeiten, Tagesamplitude größer als Jahresamplitude)	Wüste, Halbwüste (immertrocken)
			Dornwald, -savanne (geringe, sehr variable Sommerniederschläge)
			Trockenwald, -savanne (sommerfeucht)
			Feuchtwald, -savanne (teils hohe Niederschläge im Sommer)
			Immergrüner Regenwald (immerfeucht)
Subtropische Zone	**45° - 20°**	**Wärmster Monat**: meist über 20°C; **Kältester Monat**: deutlich über 0°C (ca. 4°C - 12°C); **Jahresamplitude**: zwischen 8°C und 16°C	Mittelmeervegetation (sommertrocken)
			Steppe (winterfeucht, Gräser, Sträucher
			Halbwüste, Wüste (immertrocken)

(Grundmodell nach Troll und Paffen, ergänzt durch Vegetationszonen)

Infoblatt

Klimazonen – Klimawandel

Wüste

Halbwüste

Trockensavanne

Feuchtsavanne

Klimawandel:

Die Erderwärmung wird durch das Verbrennen fossiler Brennstoffe vorangetrieben. Bis zum Jahr 2100 wird von einem mittleren globalen Temperaturanstieg zwischen 1,8° (mit einer Schwankungsbreite von 1,1° - 2,9°) und 4,0° Celsius ausgegangen. Dadurch verändert sich das Wetter in vielen Regionen der Kontinente. In manchen Gegenden wird es trockener und heißer (Hitzewellen, Dürreperioden), in anderen wird es mehr regnen. Gerade die ärmsten Länder auf der Erde werden große Probleme bekommen, weil sie oft nicht die Möglichkeiten haben, geeignete Maßnahmen zu ergreifen, um sich den Veränderungen anzupassen.

Tropischer Regenwald

Klimawandel in Afrika:

Nach Einschätzungen des Weltklimarates ist Afrika der durch den Klimawandel am meisten bedrohte Kontinent. Dies liegt vor allem an den Auswirkungen des Klimawandels auf die afrikanische Landwirtschaft - ein Sektor, der wie kein anderer vom Wetter abhängig ist und von dem rund 70% der afrikanischen Bevölkerung leben. Voraussichtlich wird es in den sowieso schon trockenen Gegenden (Nordafrika) noch weniger regnen, dadurch werden sich die Wüsten weiter ausbreiten. Im Südosten und in den Küstenstädten Westafrikas wird sich die Gefahr von Überschwemmungen erhöhen.

Infoblatt

Asien „auf einen Blick“

Das Ural-Gebirge, der Ural-Fluss, das Kaspische Meer, der Kaukasus, das Schwarze Meer sowie Bosporus, Marmara-Meer und Dardanellen bilden die Grenze zwischen Europa und Asien.

Asien (lat. Asia) kommt aus dem Assyrischen von Assu (= „Sonnenaufgang“ bzw. „Osten“). Asia taucht auch in der griechischen Mythologie auf. Die Römer bezeichneten mit Asia eine Provinz im Westen der heutigen Türkei.

Lage

Asien liegt ganz in der östlichen Hemisphäre und nördlich des Äquators mit Ausnahme der südöstlichsten Inseln im Malaiischen Archipel, die auf der Südhalbkugel der Erde liegen. Asien ist im Norden, Osten und im Süden von Meer umgeben.

Asien ist sowohl nach Fläche als auch nach Bevölkerung der größte Erdteil.

Kontinente/Erdteile in Mio. km²

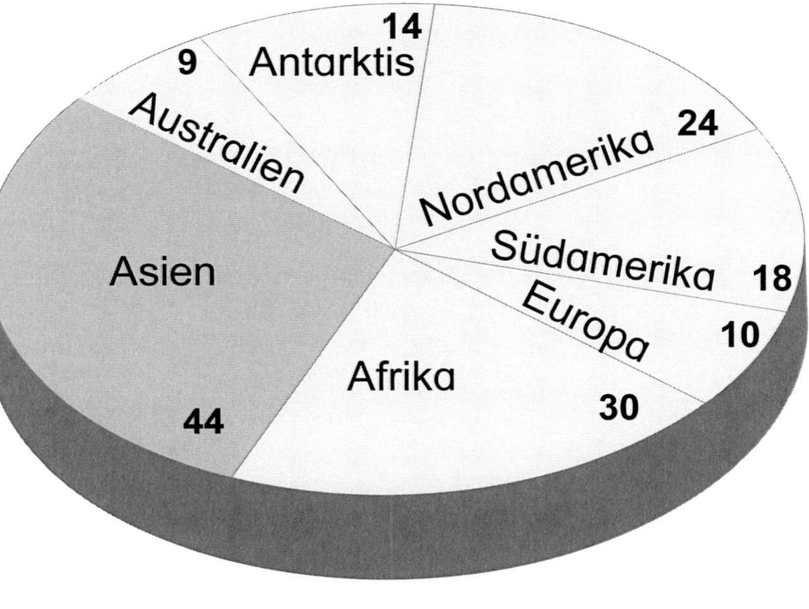

STATIONENLERNEN ERDKUNDE
Afrika und Asien / Klasse 7-8 – Bestell-Nr. 12 329
KOHL VERLAG

Infoblatt

Asien „auf einen Blick“

Größe	44,61 Mio. km² der flächenmäßig größte Erdteil. Europa + Asien wird auch als der Großkontinent Eurasien bezeichnet.
Anteil an der gesamten Landfläche der Erde	29,68 %, das ist rund ein Drittel der gesamten Landfläche der Erde.
Einwohner	4,46 Mrd., Asien ist der einwohnerstärkste Kontinent. Indien und China stellen zusammen rund 33% der Weltbevölkerung.
Anzahl der Staaten	46 international anerkannte Staaten
Größter Staat (Fläche)	Russland: 13,1 Mio. km² allein in Asien
Größter Staat (Einwohner)	VR China: 1.367.000 und Indien: ca. 1,3 Mrd.
Längster Fluss	Jangtsekiang: 6.380 km
Höchste Berg	Mount Everest in Nepal/China: 8.848 m
Größter See	Kaspisches Meer: 394.000 km²
Tiefster See	Baikal-See in Russland: 1.182 m

Größte Städte in Mio. Einwohner

Tokio-Yokohama (Japan): 38,0
Jakarta (Indonesien): 32,28
Delhi (Indien): 27,30
Manila (Philippinen): 24,65
Seoul (Südkorea): 24,20
Shanghai (China): 24,10
Mumbai (Indien): 23,30
Peking (China): 21,25
Guangzhou (China): 19,96
Dhaka (Bangladesch): 17,42

Sprachen

Es werden viele Sprachen gesprochen, z.B. slawische Sprachen, kaukasische Sprachen, semitische Sprachen, oghusische Sprachen, kiptschakische Sprachen ... Die Menschen in Asien schreiben mit kyrillischen, lateinischen, arabischen und chinesischen Schriftzeichen.

Religion

Nahezu alle Religionen sind auf dem Kontinent vertreten.

Der Islam ist die größte Religion in Asien – mehr als 1 Mrd. Menschen sind Anhänger des Islam, z.B. in den Ländern Jordanien, Saudi-Arabien, Iran, Irak, Afghanistan, Pakistan, Tadschikistan, Kasachstan, Kirgisistan, Bangladesch, Malaysia, ...

Der Hinduismus folgt mit rund 896 Mio. Menschen, z.B. in den Ländern Indien, Nepal und Bhutan.

Die Gläubigen des Buddhismus (ca. 436 Mio.) leben alle im Süden und Osten Asiens, z.B. in den Ländern Thailand, Myanmar, Laos, Vietnam, Kambodscha, in der Mongolei und auf Sri Lanka.

Das Christentum (ca. 336 Mio.) kommt vor allem in Russland, Georgien und Armenien vor. Fast 600 Millionen Asiaten sind religionslos.

Lebensstandard

Aufgrund der Größe des Kontinents leben und wirtschaften die Menschen in Asien sehr unterschiedlich. Für viele ist Reis das Hauptnahrungsmittel. In Asien gibt es hochentwickelte Industrieländer wie Japan, Südkorea, Singapur, aber auch ganz arme Entwicklungsländer wie Nepal, Kambodscha oder Laos.

Gegensätze

Das kleinste Land Asiens sind die Malediven mit einer Fläche von 298 km². Russland ist mit 13.122.850 km² im asiatischen Teil das größte Land.

In Russland leben 9 Menschen pro km², in Bangladesch leben 991 Einwohner pro km².

Infoblatt

Lage, Länder, Hauptstädte, Fläche, Einwohner

Asiens Festlandgebiete liegen ganz auf der Nord-Halbkugel. Teile der Großen Sunda-Inseln (Sumatra, Borneo, Sulawesi) liegen auf der Südhalbkugel.

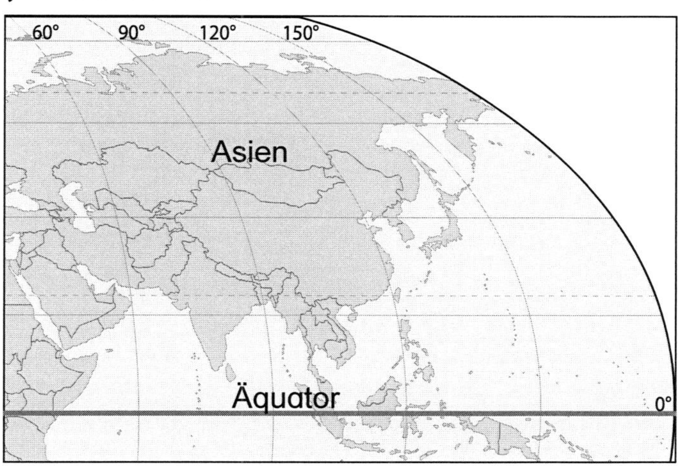

Asien wird im Norden vom Arktischen Ozean[1], im Osten vom Pazifischen Ozean und im Süden vom Indischen Ozean begrenzt.

Im Westen verläuft die Grenze zwischen Europa und Asien von Norden nach Süden wie folgt: Ural-Gebirge, Ural-Fluss, Kaspisches Meer.

Der asiatische Kontinent wird in sechs Regionen[2] unterteilt:

Nordasien: Die flächenmäßig größte Region (1 Land):
Russland

Ostasien: China und umliegende Länder, enorme Bevölkerungsdichte (6 Länder):
China, Mongolei (wird manchmal zu Nordasien gezählt), Taiwan, Südkorea, Nordkorea, Japan.
(Mit Sonderverwaltungszonen Hongkong und Macao)

Vorderasien: Die Region ist vorwiegend von Wüsten geprägt (17 Länder):
Armenien, Aserbaidschan, Bahrain, Georgien, Irak, Iran, Israel, Jemen (ohne Halbinsel Sokotra), Jordanien, Katar, Kuwait, Libanon, Oman, Palästina, Saudi-Arabien, Syrien, Vereinigte Arabische Emirate.

Südasien: Die bevölkerungsreichste Region (8 Länder):
Afghanistan, Bangladesch, Bhutan, Indien, Malediven, Nepal, Pakistan, Sri Lanka.

Zentral-/Mittel-Asien: Hier gibt es viele Steppen, Wüsten und Gebirge (5 Länder):
Kasachstan, Kirgisistan, Tadschikistan, Turkmenistan, Usbekistan.

Südostasien: Auffällig sind hier die zahlreichen Inselstaaten (11 Länder):
Brunei, Indonesien, Kambodscha, Laos, Malaysia, Myanmar, Osttimor, Philippinen, Singapur, Thailand, Vietnam.

- Nördlichster Punkt: Kap Tscheljuskin auf der Taimyrhalbinsel in Sibirien.
- Südlichster Punkt: Spitze der Malaiischen Halbinsel (Bundesstaat Johor)
- Westlichster Punkt: Kap Baba in Kleinasien.
- Östlichster Punkt: Kap Deschnjow auf der Tschuktschen-Halbinsel in Ostsibirien.

Asien umfasst 46 Staaten.

Auf der folgenden Seite werden die asiatischen Länder alphabetisch aufgelistet. Die Türkei und Zypern werden (politisch) zu Europa gerechnet.

[1] Der Arktische Ozean, auch Nordpolarmeer, Nördliches Eismeer, Arktische See oder kurz Arktik genannt, ist mit 14,09 Mio. km² der kleinste Ozean der Erde.
[2] Offizielle Einteilung durch die Vereinten Nationen

Infoblatt

Lage, Länder, Hauptstädte, Fläche, Einwohner

Land	Hauptstadt	Fläche/km²	Einwohner
Afghanistan	Kabul	652.090	32.000.000
Armenien	Jerewan	29.800	2.990.000
Aserbaidschan	Baku	86.600	8.200.000
Bahrain	Manama	710	689.000
Bangladesch	Dhaka	143.998	144.320.000
Bhutan	Thimphu	47.000	874.000
Brunei	Bandar Seri Begawan	5.765	372.500
China	Peking	9.572.900	1.330 Mio.
Georgien	Tiflis	69.700	4.680.000
Indien	Delhi	3.287.590	1.100 Mio.
Indonesien	Jakarta	1.904.570	241.970.000
Irak	Bagdad	438.317	26.070.000
Iran	Teheran	1.645.000	68.020.000
Israel	Jerusalem	20.700	6.280.000
Japan	Tokio	377.801	127.420.000
Jemen	Sana'a	356.968	19.70.000
Jordanien	Amman	88.582	5.480.000
Kambodscha	Phnom Penh	181.035	13.610.000
Kasachstan	Astana	2.721.900	15.070.000
Katar	Doha	11.437	800.000
Kirgisistan	Bischkek	199.900	5.150.000
Kuwait	Kuwait -Stadt	17.818	2.500.000
Laos	Vientiane	236.800	6.150.000

Land	Hauptstadt	Fläche/km²	Einwohner
Libanon	Beirut	10.450	3.830.000
Malaysia	Kuala Lumpur	329.759	24.400.000
Malediven	Malé	298	350.000
Mongolei	Ulan Bator	1.566.500	2.790.000
Myanmar	Yangon	676.578	49.910.000
Nepal	Kathmandu	147.181	27.680.000
Nordkorea	Pjöngjang	121.628	23.000.000
Oman	Maskat	309.500	2.350.000
Ost-Timor	Dili	14.600	1.000.000
Pakistan	Islamabad	796.095	162.420.000
Philippinen	Manila	298.179	87.850.000
Saudi-Arabien	Riad	2.240.000	26.420.000
Singapur	Singapur	683	4.420.000
Sri Lanka	Colombo	65.615	19.610.000
Südkorea	Seoul	99.270	48.450.000
Syrien	Damaskus	185.180	18.450.000
Tadschikistan	Duschanbe	143.100	6.350.000
Taiwan	Taipeh	36.000	22.700.000
Thailand	Bangkok	513.115	65.500.000
Turkmenistan	Aschchabad	488.100	5.500.000
Usbekistan	Taschkent	447.400	26.850.000
Verein. Arab. Emirate	Abu Dhabi	80.000	4.000.000
Vietnam	Hanoi	331.100	83.540.000

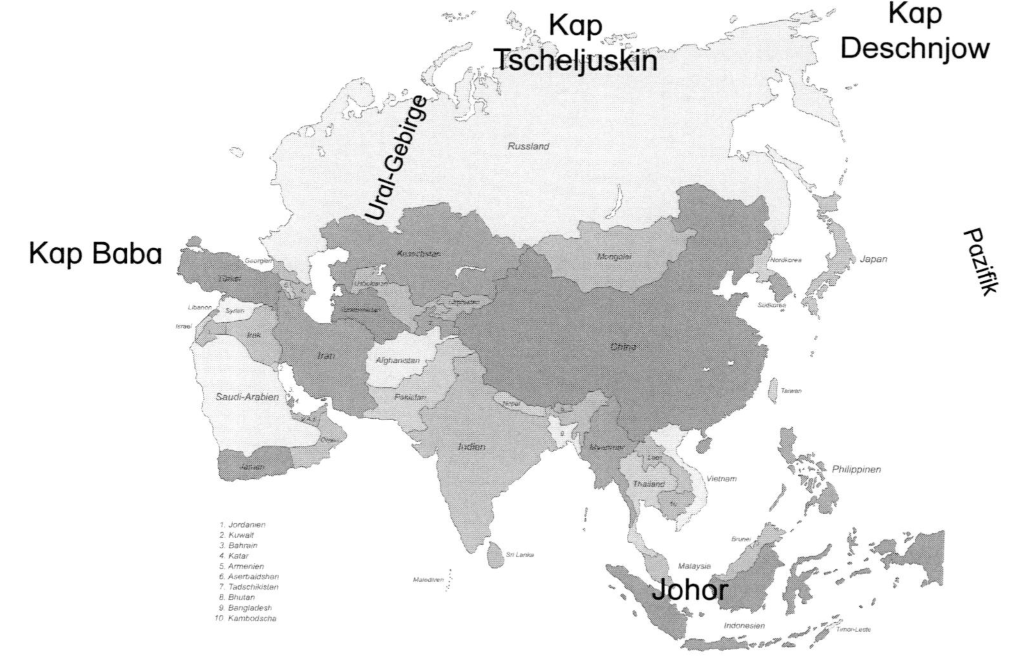

Infoblatt

Asien im Überblick

Oberflächengestalt - Hochebenen, Gebirge, Berge

Asien ist der größte Kontinent auf der Erde, seine Grenzen beginnen im Westen (Uralgebirge) an der Landgrenze zu Europa und enden im Osten am Pazifischen Ozean. Die Oberfläche des größten Kontinents mit 44.579.000 km^2 weist viele Besonderheiten auf. Im nördlichen Teil Asiens (Russland) findet man weite und kalte Ebenen, von der Steppe in der Mongolei bis zur Tundra in Sibirien.

Steppe in der Mongolei

Tundra in Russland

Auf der Südseite Asiens gibt es Wüsten, z.B. auf der arabischen Halbinsel. Ebenso findet man auf der anderen Seite Asiens große Wüsten, z.B die Wüste Gobi[1].Sie umfasst einen großen Teil der Mongolei. Die Wüste ist ca. 2000 km lang und hat eine Breite von ca. 1000 km. Mit einer Fläche von mehr als 2 Mio. km^2 ist sie fast 10-mal so groß wie Deutschland.

Wüste in Saudi-Arabien

Wüste Gobi

In Asien gibt es zwei wichtige Plateaus (Hochebenen), das Pamir-Plateau und das Tibetische Plateau, die etwa 4000 bis 5500 m über dem Meeresspiegel liegen. Im Süden trifft das Tibetische Hochland auf den Himalaya. In der Mitte Asiens liegen die größten Bergketten der Erde. Asien hat viele Berge, die 6000 m über dem Meeresspiegel liegen. Teile des **Pamir** sind die Bergketten Tian Shan, Karakorum, Kunlun und Hindukusch. Im Kunlun-Gerbirge findet man die höchsten Berge Chinas: Kongur = 7.719 m und Muztagh Ata = 7.546 m. Den Pamir, das Tibetische Hochland und das Himalaya-Gebirge zusammen genommen nennt man auch „das Dach der Welt".

Wüste in Saudi-Arabien

Wüste Gobi

[1] In der mongolischen und mandschurischen Sprache bezeichnet das Wort „gobi" eine Senke, deren Grund Steine und Sand bedecken.

STATIONENLERNEN ERDKUNDE Afrika und Asien / Klasse 7-8 - Bestell-Nr. 12 329
KOHL VERLAG

Infoblatt

Oberflächengestalt - Hochebenen, Gebirge, Berge

Das Tibet-Plateau hat eine Fläche von 2,5 Mio. km² und ist das größte auf der Erde. Es liegt in ca. 3.500 m Höhe über dem Meeresspiegel. Alle nahe gelegenen Berge sind in der Regel unter der Bezeichnung Himalaya-Gebirge zusammengefasst. Die Himalaya-Gebirgskette ist die höchste auf der Erde. Im Himalaya sind 10 Gipfel der Welt über 8.000 m hoch. Der höchste Berg dieser Bergkette ist der Mount Everest mit 8.848 m. In der Karakorum-Bergkette ist der K2 der zweithöchste Berg mit 8.611 m. Dieser Berg ist sehr schwierig zu erklettern, er ist der einzige Achttausender, der bisher noch nicht im Winter bestiegen werden konnte.

	Berge über 8.000 m	Höhe in m	Gebirge	Länder
1	Mount Everest	8.848	Himalaya	Nepal/Tibet
2	K2	8.611	Karakorum	Pakistan/China
3	Kangchenjunga	8.596	Himalaya	Nepal/Indien
4	Lhotse	8.516	Himalaya	Nepal/Tibet
5	Makalu	8.485	Himalaya	Nepal/Tibet
6	Cho Oyu	8.188	Himalaya	Nepal/Tibet
7	Dhaulagiri	8.167	Himalaya	Nepal
8	Manaslu	8.163	Himalaya	Nepal
9	Nanga Parbat	8.125	Himalaya	Pakistan
10	Annapurna	8.091	Himalaya	Nepal
11	Gasherbrum I	8.034	Karakorum	Pakistan/China
12	Broad Peak	8.051	Karakorum	Pakistan/China
13	Gasherbrum II	8.034	Karakorum	Pakistan/China
14	Shishapangma	8.027	Himalaya	Tibet

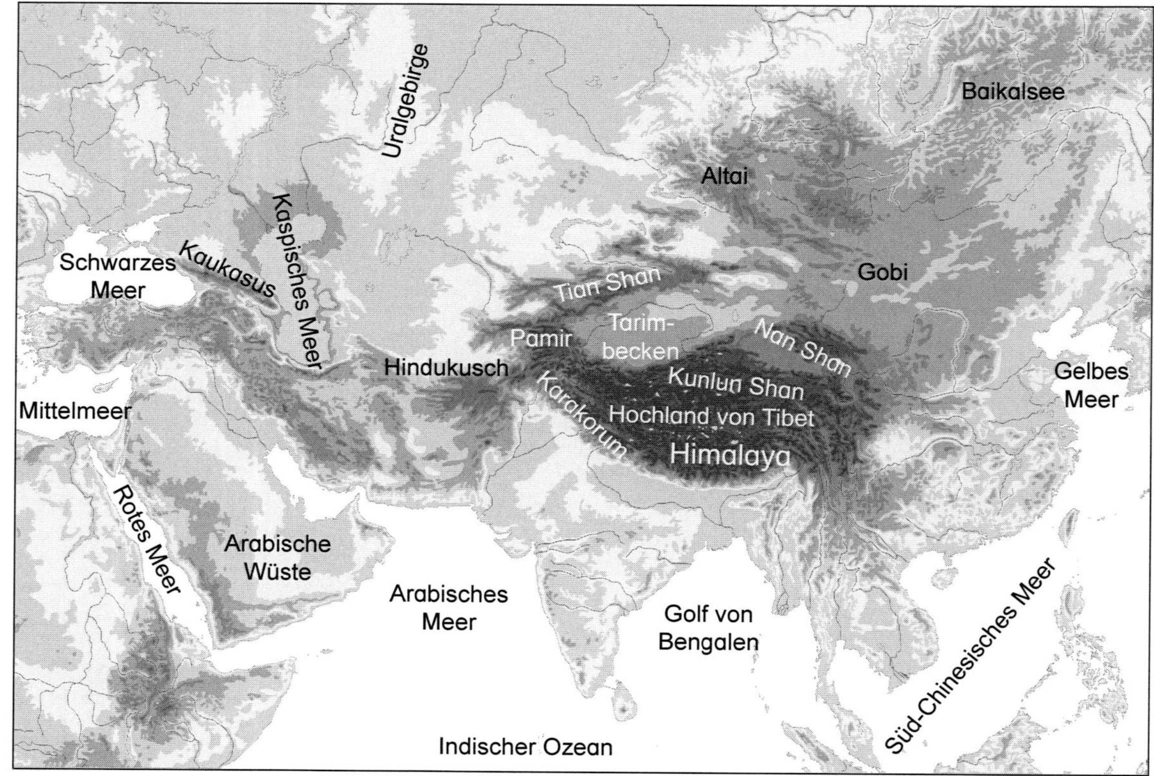

Infoblatt

Flüsse und Seen

Durch Asien fließen große Flüsse, die in den Gebirgen Zentralasiens entspringen und in verschiedene Richtungen fließen. Die großen Flüsse sind wichtige „Lebensadern“ Asiens. Sie werden als Transportwege genutzt, sie versorgen die Bevölkerung mit Trinkwasser und werden als Brauchwasser für die Bewässerung der Felder sowie für die Industrie genutzt. Die Flüsse Asiens tragen dazu bei, dass Länder wie China sich wirtschaftlich gut entwickeln können. Das hohe Bevölkerungswachstum in Asien lässt aber fast überall die Trinkwasser- und Brauchwasserversorgung zu einem Problem werden, das durch den Klimawandel noch verstärkt wird.

Asiens längste Flüsse (Die Länge der Flüsse ist manchmal umstritten.)

	Name	Länge in km	Mündung
1	Jangtsekiang (Jangtse)	5800	Ost-Chinesisches Meer
	Er teilt das Land in Nord- und Süd-China. Am Drei-Schluchten-Staudamm erzeugen mehr als 30 Turbinen eine elektrische Leistung von ca. 10.000 Megawatt. Leider führen Verschmutzungen zum Aussterben bedrohter Tiere: Jangtse-Stör und China-Alligator.		
2	Huang He (Gelber Fluss)	4845	Golf von Bohai/Gelbes Meer
	Den Namen bekam der Fluss wegen der gelblichen Färbung, die durch abgetragenen Löss entsteht. Er ist der fünftlängste Fluss.		
3	Mekong	4500	Süd-Chinesisches Meer
	Eine Besonderheit sind die häufigen Überschwemmungen, die während der Schneeschmelze in Tibet und während der Sommerregen auftreten.		
4	Lena	4400	Laptew-See/Arktischer Ozean
	Die Lena ist der längste Fluss in Russland. Sie entspringt im Baikalgebirge.		
5	Irtysch	4248	Ob
	Der Irtysch (4248 km) bildet zusammen mit dem Unterlauf des Ob einen der längsten Flussläufe der Erde, den Irtysch–Ob mit insgesamt 5410 km Länge. Der Irtysch ist der längste Nebenfluss der Erde.		
6	Ob	3650	Obbusen/Arktischer Ozean
	Der Ob ist eine der wichtigen Wasserstraßen zur Erschließung des Nordens von Sibirien neben dem Jenissei in Zentral-Sibirien und der Lena in Ost-Sibirien.		
7	Jenissei	3487	Kara-See/Nordpolarmeer
	Zusammen mit dem Angara ist der Jenissei 5540 km lang und damit der zweitlängste Fluss Asiens.		
8	Indus	3180	Arabisches Meer
	Der Indus ist mit 3180 km der längste Fluss auf dem indischen Subkontinent und wichtigster Strom Pakistans. Er zählt zu den sieben heiligen Flüssen der Hindus.		
9	Brahmaputra	3000	Ganges-Delta/Golf von Bengalen
	Vom „Dach der Welt“ in 5200 m Höhe nimmt der Fluss seinen Weg bis zum Golf von Bengalen und mündet in den Indischen Ozean.		
10	Amur	2824	Tatarensund/Ochotskisches Meer
	Zusammen mit dem rechten Amur-Quellfluss Argun entsteht der 4444 km lange Flusslauf Argun-Amur.		
11	Euphrat	2800	Schatt al-Arab/Persischer Golf
	Der Euphrat ist der größte Strom Vorderasiens. Mit seinem längsten Quellfluss, dem Murat, erreicht er eine Länge von 3380 km.		
12	Ganges	2500	Ganges Delta/Golf von Bengalen
	Er ist der heiligste Fluss der Hindus; er ist sehr stark durch Abwässer und Schadstoffe belastet.		

Infoblatt

Flüsse und Seen

Asiens Flüsse „auf einen Blick“

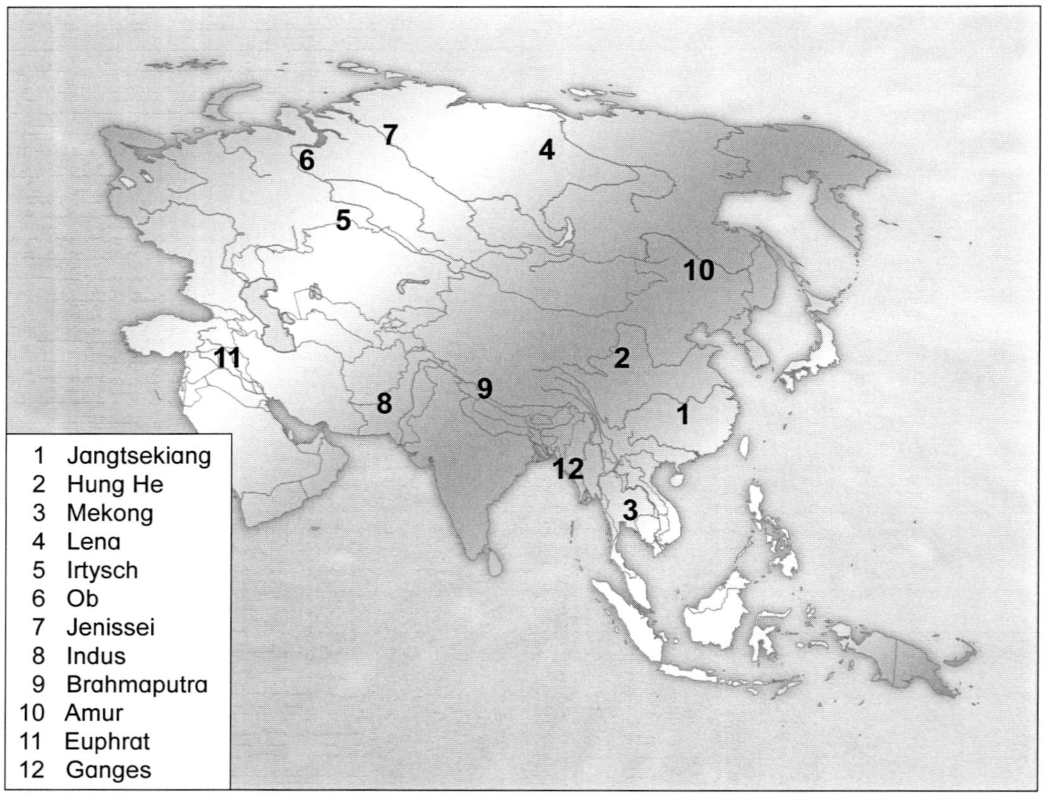

<table>
<tr><th></th><th>Name</th><th>Fläche in km²</th><th>Angrenzende Länder</th></tr>
<tr><td>1</td><td>Kaspisches Meer</td><td>371.000</td><td>Russland, Aserbaidschan, Iran, Turkmenistan, Kasachstan</td></tr>
<tr><td colspan="4">Das Kaspische Meer ist der größte See der Welt. Einer seiner wichtigsten Zuflüsse ist die Wolga.</td></tr>
<tr><td>2</td><td>Aral-See</td><td>3500</td><td>Russland</td></tr>
<tr><td colspan="4">Der Aral-See war früher der viertgrößte See der Welt. Jetzt steht der Aral-See kurz vor der Austrocknung. Ursache ist eine intensive landwirtschaftliche Nutzung, insbesondere wasserintensiver Baumwollanbau.</td></tr>
<tr><td>3</td><td>Baikal-See</td><td>31.722</td><td>Russland</td></tr>
<tr><td colspan="4">Der Baikal-See ist der größte Süßwassersee der Welt und der tiefste See auf der Erde mit 1.642 m. 1996 wurde die Baikal-Region von der UNESCO zum Weltnaturerbe erklärt.</td></tr>
<tr><td>4</td><td>Balchasch-See</td><td>16.996</td><td>Kasachstan</td></tr>
<tr><td colspan="4">Der Balchasch-See ist ein abflussloser See in der Wüstensteppe vom östlichen Kasachstan. Sein Ostteil ist stark salzhaltig, der Westteil enthält Süßwasser bzw. nur leicht salzhaltiges Wasser. Der Balchasch-See droht auszutrocknen, weil China zahlreiche Staudämme baut und das Wasser aus Zuflüssen blockiert.</td></tr>
<tr><td>5</td><td>Yssykköl</td><td>6236</td><td>Kirgisistan</td></tr>
<tr><td colspan="4">Der Yssykköl ist der größte See in Kirgisistan und liegt 1607 m über dem Meeresspiegel. Nach dem südamerikanischen Titicacasee ist er der zweitgrößte Gebirgssee der Erde.</td></tr>
<tr><td>6</td><td>Urmia-See</td><td>5200</td><td>Iran</td></tr>
<tr><td colspan="4">Der Urmia-See ist der größte Binnensee des Iran. Er erlangte in den vergangenen Jahren traurige Berühmtheit, weil ihm das gleiche Schicksal droht wie dem ebenfalls salzigen Aral-See, auszutrocknen und damit zu verschwinden. Inzwischen setzen sich Politiker und prominente Iraner für seine Rettung ein.</td></tr>
</table>

Infoblatt

Flüsse und Seen

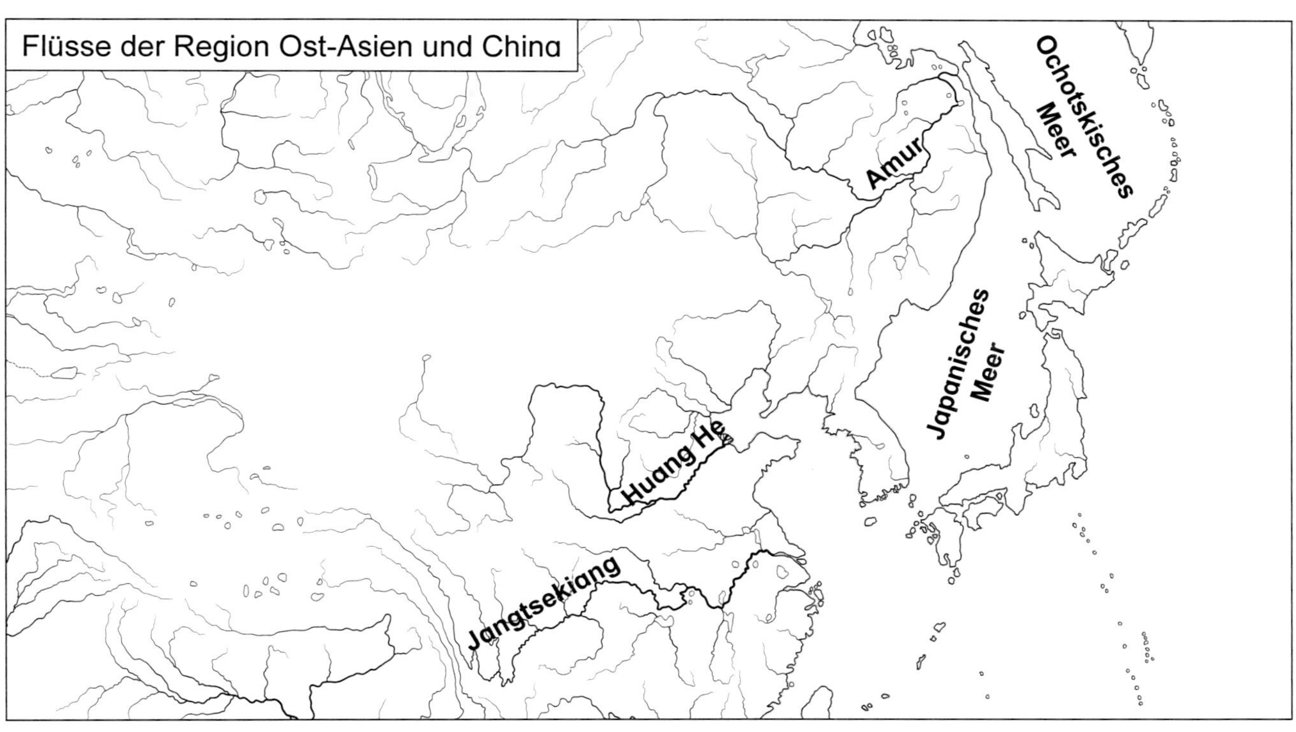

STATIONENLERNEN ERDKUNDE
Afrika und Asien / Klasse 7-8 – Bestell-Nr. 12 329

Infoblatt

Flüsse und Seen

Flüsse der Region Südost-Asien und Indien

Indus
Brahmaputra
Ganges
Jangtsekiang
Arabisches Meer
Golf von Bengalen
Mekong
Südchinesisches Meer
Golf von Thailand

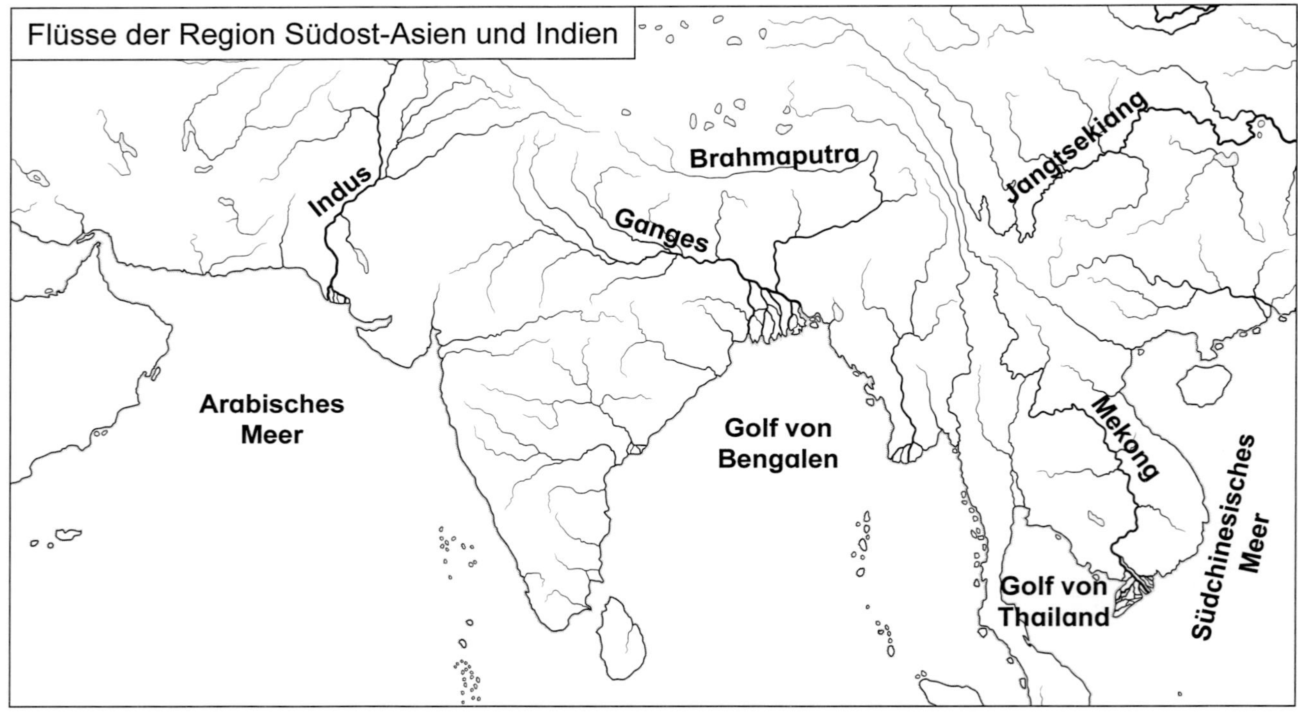

Flüsse der Region Vorder-Asien

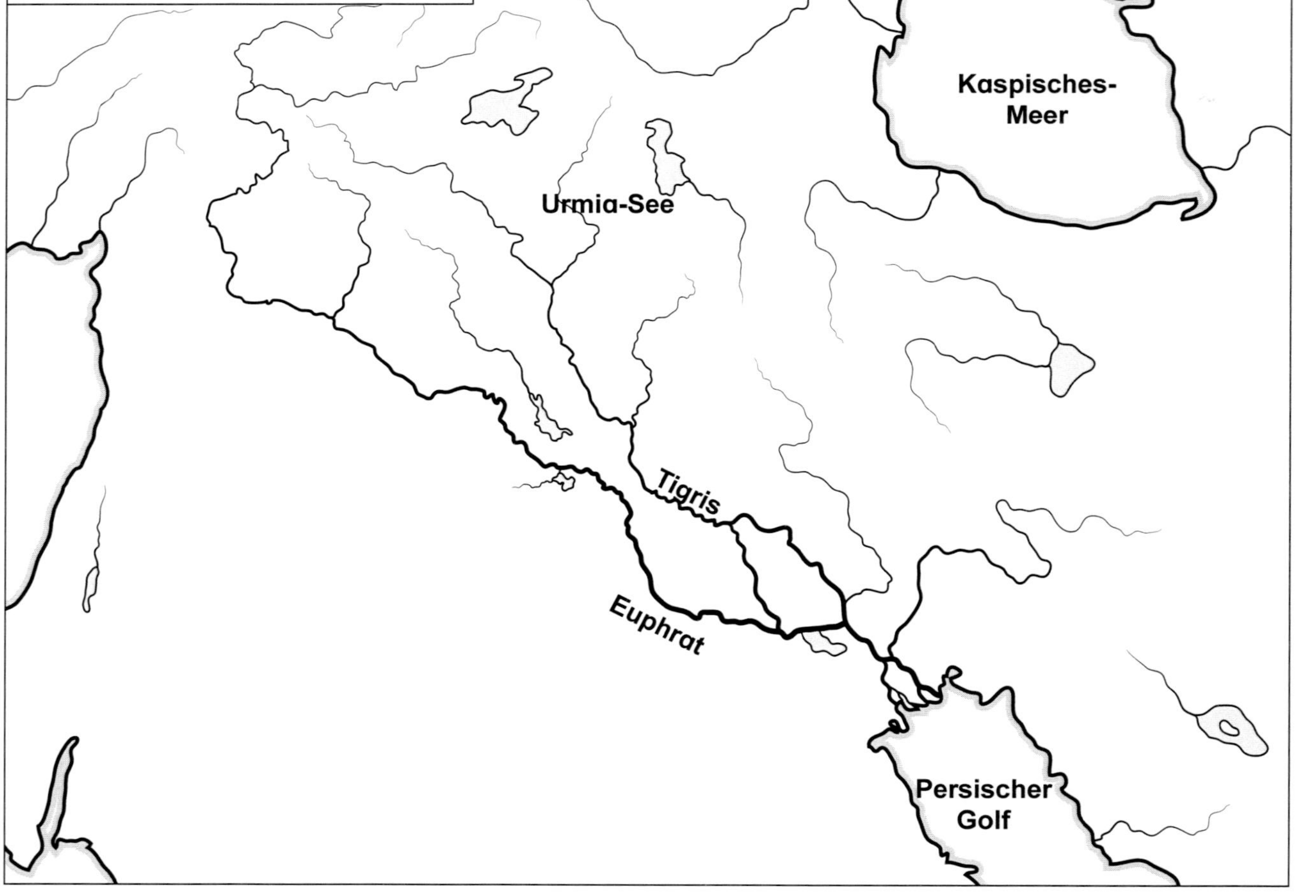

Kaspisches-Meer
Urmia-See
Tigris
Euphrat
Persischer Golf

Infoblatt

Klimazonen - Klimawandel

Das Klima auf dem asiatischen Kontinent ist auf Grund der verschiedenen Landschaftsstrukturen sehr vielfältig. Durch die Lage und die Größe sind in Asien nahezu alle Klimazonen anzutreffen, die es auf der Erde gibt. Auf dem Schaubild ist aber auch erkennbar, dass der Großteil der Landmasse Asiens in der subtropischen und gemäßigten Zone liegt, d.h. zwischen 20° n.B. und 60° n.B. Da auf dem riesigen Kontinent fast alle Klimazonen vorkommen, sind klimatisch auch alle Extreme möglich, die zwischen arktischer Kälte und äquatorialen Tropen schwanken. Die meisten Inseln Indonesiens liegen sogar südlich des Äquators.

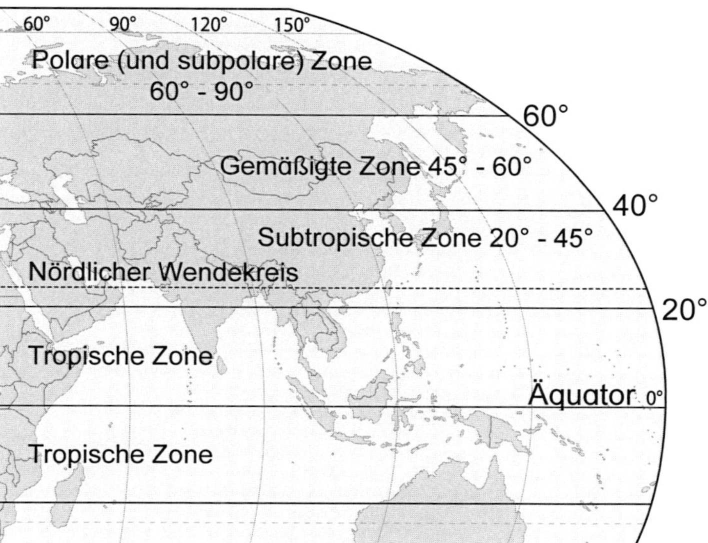

Das Klima in Asien ist geprägt durch sehr unterschiedliche Landschaftsgebiete, die von extremer Kälte im Norden bis zu hohen Temperaturen in den Wüstenregionen reichen. Es sind Temperaturen um -50°C, aber auch über +50°C in manchen Gegenden möglich. Diese Extreme sind aus westeuropäischer Sicht mit unserem gemäßigten Klima nur schwer nachzuvollziehen.

Die hier exemplarisch genannten Beispiele aus den Regionen machen deutlich, wie unterschiedlich das Klima in Asien sein kann. Die auf den Kartenausschnitten eingefügten Breitengrade dienen der besseren Orientierung/Einordnung und einer möglichen Vertiefung des Themas.

Beispiel Ost-Asien (Nord-Asien): Mongolei (und China)

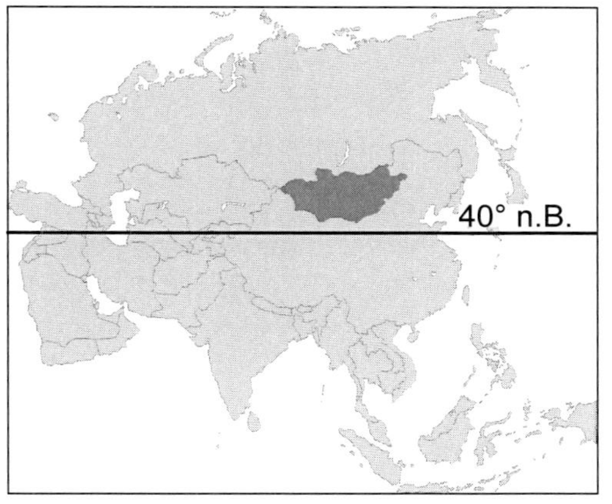

Die Mongolei liegt in der Mitte des asiatischen Kontinents, deshalb sorgt dort keine Meeresbrise für eine Abkühlung. Im Süden liegt die Wüste Gobi, dort regnet es kaum.

Die großen Temperaturschwankungen sind typisch für diese Region. Die Sommer sind heiß, aber kurz. Der Winter beginnt spätestens im Oktober und ist bis in den Mai spürbar. Die Temperatur kann bis auf -50°C fallen. Im Winter liegt manchmal Schnee in der Wüste. Die Hauptstadt Ulan Bator gehört zu den kältesten Städten weltweit.

Beispiel Süd-Asien: Indien (und Sri Lanka)

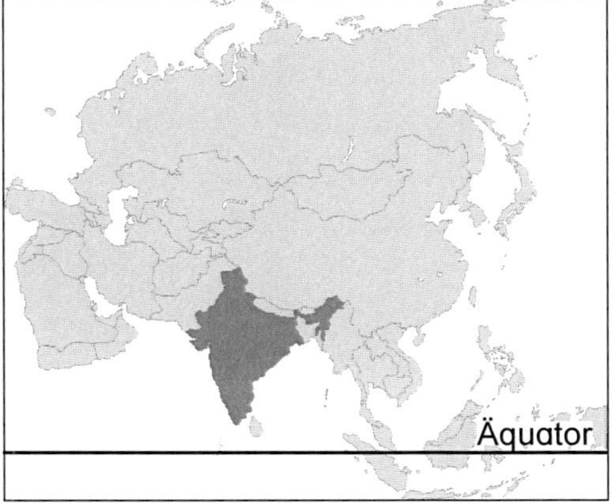

Das Klima in Indien ist im Norden und in Zentralindien hauptsächlich subtropisch, im Süden und an den Küsten allerdings eher tropisch geprägt.

Der Norden Indiens liegt auf ähnlicher geographischer Breite wie Pakistan und hat subtropisches Klima mit großen Temperaturunterschieden zwischen ca. +10°C im Winter und bis ca. +50°C im Sommer. Im vom Meer beeinflussten tropischen Süden ist es dagegen ganzjährig heiß.

Die im Südosten vorgelagerte Insel Sri Lanka ist nicht mehr weit vom Äquator entfernt und hat dementsprechend tropisches Klima.

STATIONENLERNEN ERDKUNDE
Afrika und Asien / Klasse 7-8 – Bestell-Nr. 12 329
KOHL VERLAG

Infoblatt

Klimazonen - Klimawandel

Beispiel Südost-Asien: Malaysia (und Philippinen)

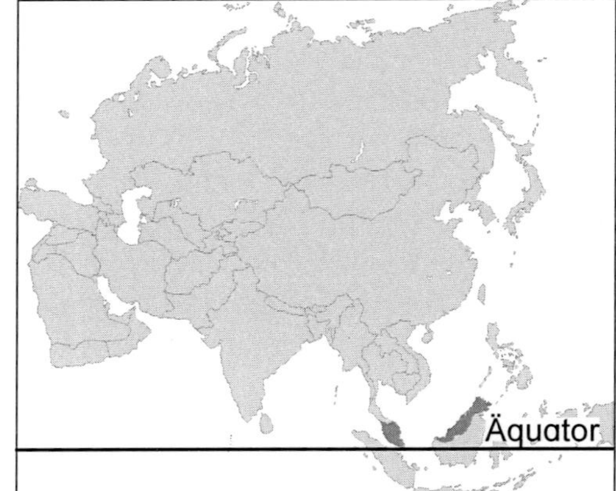

Das Klima in Südost-Asien ist tropisch und feucht. In Malaysia und auf den südlichen Philippinen fällt im ganzen Jahr viel Niederschlag. Die Temperaturen liegen am Tag um die +30°C und in der Nacht zwischen +20° und +25°C. Die Luftfeuchtigkeit ist das ganze Jahr sehr hoch. Am Morgen beträgt sie 98 % und am späten Nachmittag noch 70 %. Gebiete ab 5 Grad nördlicher oder südlicher Breite sind häufig der Gefahr tropischer Wirbelstürme ausgesetzt.

Beispiel Vorder-Asien: Beispiel Iran (und Irak)

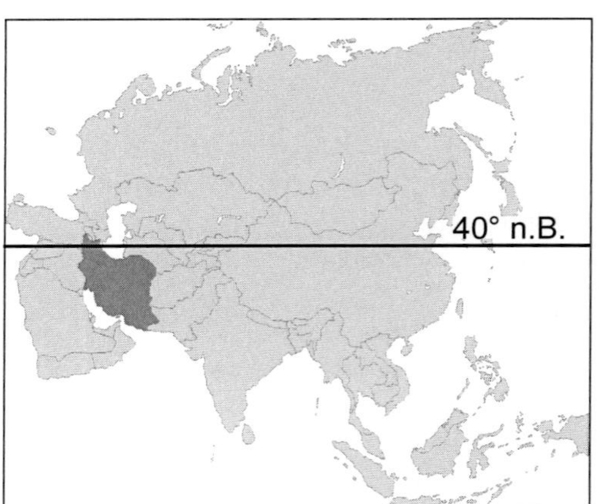

Außer an den Küsten findet man in weiten Teilen dieser Region ein trockenes Kontinentalklima[1], mit hohen Schwankungen zwischen Tag- und Nachttemperaturen. In den Steppen und Wüsten fällt oft monatelang oder überhaupt kein Regen.

Auch im Irak und im Iran ist das Klima arid, d.h. die Verdunstung übersteigt die geringen Niederschläge. Neben den heißen Sommern gibt es hier auch frostig-kalte Winter, manchmal mit viel Schneefall.

Georgien und Aserbaidschan dagegen haben durch ihre Lage an der Westküste des Kaspischen Meeres ein überwiegend subtropisches Klima.

Klimawandel in Asien

Asien wird vom Klimawandel besonders hart getroffen werden. Geht es so weiter wie bislang, wird der Temperaturanstieg über der Landmasse Asiens bis Ende des Jahrhunderts 6 % betragen[2].

Während europäische Küstenregionen sich mit Dämmen für die Zukunft wappnen, zerstören Überflutungen in vielen Entwicklungsländern Felder, Ernten, ganze Landstriche. Für sie ist der Klimawandel schon jetzt Realität[3].

Beispiele ...

Bangladesch: Hier leiden die Menschen vor allem unter Stürmen, Zyklonen und Überflutungen.

Indonesien: Immer häufiger werden die Küstenregionen überflutet. Dies liegt zum Teil an den unberechenbaren Regenstürmen, die über den Inselstaat hinwegsausen, vor allem aber auch an dem steigenden Meeresspiegel.

Strand in Singapur bei Sturmwarnung

[1] Darunter versteht man das Klima in küstenfernen Regionen, niederschlagsarm und mit großen Temperaturgegensätzen, weil sich Landflächen im Sommer stärker erwärmen und im Winter schneller abkühlen als Wasserflächen.
[2] FAZ vom 14.07.2017
[3] Die Welt vom 30.11.2019

Stationenlaufzettel

Name: ______________________________ Datum: ________________

⦿ Grundlegendes Niveau

Aufgaben-Nr.	Stationsname	erledigt	korrigiert

! Mittleres Niveau

Aufgaben-Nr.	Stationsname	erledigt	korrigiert

✶ Erweitertes Niveau

Aufgaben-Nr.	Stationsname	erledigt	korrigiert

STATIONENLERNEN ERDKUNDE
Afrika und Asien / Klasse 7-8 – Bestell-Nr. 12 329
KOHL VERLAG

Rudi Lütgeharm

Wochenplan Erdkunde

Die Struktur der Wochenpläne vermittelt ganz klar, was an welchem Tag zu erledigen ist, die Kompetenzen Selbstorganisation und Ausdauer werden dabei gefördert. In kleinen Portionen werden hier die Bereiche Globus/Gradnetz/ Pole, vom Luftbild zur Karte mit Maßstab/Symbolen, schnelles Zurechtfinden im Atlas, Deutschland/Europa politisch – Bundesländer, Staaten, Einwohner – und landschaftlich – Flüsse, Gebirge – abgedeckt.

5 6 7 8 9 10

Seiten	Klasse	Best.-Nr.	Preis
108 S.	Klasse 5	12 587	ab 19,99 €
116 S.	Klasse 6	12 588	ab 18,49 €
128 S.	Klasse 7	12 777	ab 21,49 €
116 S.	Klasse 8	12 778	ab 21,49 €
100 S.	Klasse 9/10	12 945	ab 19,99 €

Rudi Lütgeharm

Stationenlernen Erdkunde

An jeder Station erhalten die Schüler ausführliche Angaben/Infos zum jeweiligen Thema, leicht verständliche Aufgabenstellungen sowie Arbeits- und Lösungsblätter. Unter Berücksichtigung der unterschiedlichen individuellen Voraussetzungen erfolgt eine differenzierte Gestaltung der Stationen.

5 6 7 8 9 10

Seiten	Klasse	Best.-Nr.	Preis
72 S.	Klasse 5/6	12 328	ab 15,99 €
88 S.	Klasse 7/8	12 329	ab 17,49 €
88 S.	Klasse 9/10	12 330	ab 16,49 €

Friedhelm Heitmann

Erdkunde – Kurz, knapp & klar

Diese umfassenden Erdkunde-Arbeitsblätter vermitteln das wichtigste geographische Grundwissen. Es werden wichtige Bereiche erläutert und mit Arbeitsaufträgen oder Spielvarianten in der Gruppe gefestigt. Diese Materialsammlung gibt ein solch fundiertes geographisches Wissen, dass sie auch als Erdkunde-Portfolio oder als Erdkunde-Jahresmappe verwendet werden kann! Optimales Freiarbeitsmaterial zur Wiederholung und Auffrischung vorhandenen Lernstoffes.

5 6 7 8 9 10

92 Seiten	12 331	ab 17,49 €

FÖ PDF plus

Friedhelm Heitmann

Einfach Erdkunde

Elementares Wissen leicht erklärt

Verständlich formulierte Texte und Aufgaben helfen in diesem Band, elementare Kenntnisse im Fach Erdkunde zu vermitteln, festigen und zu kontrollieren. Neben umfassend vorbereiteten praktischen Übungen bietet das Werk ergänzende Tests und Lernzielkontrollen, die auch einen fachfremden Einsatz erleichtern.

5 6 7 8 9 10

76 Seiten	12 240	ab 15,99 €

FÖ PDF plus

Friedhelm Heitmann

Allgemeinwissen fördern ERDKUNDE

Grundkenntnisse fachgerecht in kleinen Portionen

Eine gute Allgemeinbildung ist wertvoll und sinnvoll. Doch leider fällt es vielen Jugendlichen durch den starken Einfluss der medialen Welt heute zunehmend schwerer, ihr Allgemeinwissen in mehreren Bereichen zu erweitern. Genau hier knüpft dieser Band an. Innerhalb des Fachbereiches vermittelt das Unterrichtsmaterial ein Basiswissen in kleinen Portionen, das dem Allgemeinwissen förderlich ist.

5 6 7 8 9 10

96 Seiten	11 600	ab 15,99 €

FÖ PDF plus

Friedhelm Heitmann

Allgemeinwissen fördern Natur & Umwelt

Grundkenntnisse in kleinen Portionen vermitteln

Eine gute Allgemeinbildung zu haben ist wertvoll und für viele selbstverständlich. Genau hier knüpft dieser Band an! Das Unterrichtsmaterial vermittelt ein Basiswissen in kleinen Portionen, das dem Allgemeinwissen förderlich ist. Sämtliche Kopiervorlagen sind mit klar formulierten Infotexten, dazu ausgearbeiteten Aufgaben und Lösungen, die auch zur Selbstkontrolle genutzt werden können, ausgestattet.

5 6 7 8 9 10

52 Seiten	12 760	ab 14,99 €

FÖ PDF plus

Michael Freund

Klimazonen an Stationen

Die Gliederung der Erde aufgrund des jeweiligen Kli nach Zonen ist zunächst einmal übersichtlich von No nach Süden. Weil aber zum Beispiel die große Landma Asiens im Norden der größeren Wassermenge im Sü gegenüber steht, führt dies auf den Kontinenten doch z teressanten Effekten. So und ähnlich verteilt sich das Th in drei Niveaustufen auf die einzelnen Stationen. An Aus kungen auf Lebensräume, Kulturen, Wirtschaft aktuell u der Veränderung kann gut angeschlossen werden. Der E weckt mit seiner Sicht somit sicherlich auch Interesse bei bisher weniger engagierten Schülern.

72 Seiten	12 948	ab 15,99 €

Rudi Lütgeharm

Wüsten & Steppen der Erde

Spannendes Unterrichtsmaterial zu einem hochinteressanten Thema. Interesse der Schüler wird mit motivierendem Tabellen- und Kartenma al geweckt, das zum Teil in Ausschnitten zum Ergänzen angeboten wird. Hinterher hat man anderen einiges voraus, die oft nur die Sahara „kennen". Besonders spannend: Wie überleben in diesem Klima Pflanzen und Tiere? Sah es dort früher einmal anders aus?

72 Seiten	12 947	ab 15,99 €

Rudi Lütgeharm

Ozeane & Meere der Erde

Unter einem Meer/Ozean versteht man die miteinander verbundenen wässer der Erde, die die Kontinente umgeben, im Gegensatz zu den Landflächen liegenden Binnengewässern. Die einzelnen Kapitel vermitteln ein grundlegendes Wissen mit vielen spannenden und abwechslungsreichen Schwerpunkten.

72 Seiten	12 946	ab 15,99 €

Tobias Vonderlehr

Klimazonen & Landschaften

Von der Taiga bis zum Regenwald

Von der polaren Zone über die gemäßigten Breiten bis hin zu den Tro wird die globale Vielfalt kennengelernt. Die Lebensbedingungen unter Naturgegebenheiten, Fauna & Vegetationen werden thematisiert. Die La schaften der Gebirge, der Savannen und Wüsten werden ebenfalls be delt.

56 Seiten	11 965	ab 14,49 €

Anne Scheller

Der Regenwald Die grüne Lunge der Erde

__Inhalt__: *Regenwald - was ist das? (unterschiedliche Waldarten, Länder Regenwald, Tropengürtel); Ökosystem tropischer Regenwald (Wetter, W serkreislauf, CO_2-Ausstoß); Pflanzen (Stockwerkbau); Tiere (Artenviel Zerstörung des tropischen Regenwaldes (Abholzung, Tropenholz) u.v.m*

64 Seiten	10 950	ab 13,49 €

Gabriela Rosenwald

Die Arktis als Lebensraum

Der Nordpol in Zeiten des Klimawandels

__Inhalt__: *Arktis und Nordpol – Überblick; Die Arktis und der Nordpol; M schen in der Arktis; Eisberge; Polarnacht und Sommersonnenwende; getationszonen der Arktis; Tiere der Arktis; Vögel und Fische; Wasser kommen auf unserer Erde; Probleme der Arktis u.v.m.*

40 Seiten	11 880	ab 12,49 €

Gabriela Rosenwald

Plastik Eine Gefahr für die Umwelt

Plastik ist praktisch, vermüllt aber unsere Umwelt ... Doch was ist P tik genau und wie entsteht es? Dieser Band beschäftigt sich mit Geschichte und der Entstehung von Plastik, mit dessen Vorteile und den gewaltigen Problemen für Umwelt und Natur. Auch die Schattenseiten werden in diesem Band ausführlich beleuchtet.

56 Seiten	12 974	ab 14,49 €

Alfred Winter

Umwelt & Umweltschutz

Warum Nachhaltigkeit sehr wichtig ist

In dieser Lernwerkstatt wird anhand der Themen „Energie gehört zum täglichen Leben", „Umweltschutz und Energiesparen", „Umwelt- und Gesundheitsschutz" sowie „Müll - weniger ist mehr!" ein Überblick über den Schutz unserer Umwelt gegeben.

56 Seiten	11 361	ab 14,49 €

sabeth Höhn

eutschlands & Europas eografie

s Rätsel- & Arbeitsbuch bietet tolle Fotos von ndschaften, Tieren, Städten, Sehenswürdigkeiten d Menschen. Spannende und umfassende ormationen über Natur und Kultur Deutschds bzw. der europäischen Länder – die ideale gänzung zum Geographieunterricht. Neben aillierten Karten vertiefen ausführliche Infos er Wirtschaft, Geschichte, Politik und Kultur s Wissen über die verschiedenen Länder.

5 6 7 8 9 10

6 Seiten	Deutschland	12 943	ab 18,99 €
2 Seiten	Europa	12 944	ab 18,99 €

Knifflig, lebendig und abwechsungsreich!

briela Rosenwald & Autorenteam Kohl-Verlag

eutschlands Bundesländer

deutende Landschaften, Flüsse, Gebirge, Sesswürdigkeiten ... werden von den Schülern er die Lupe genommen. Die Arbeitsblätter sind vechslungsreich und zum Teil individuell die jeweilige Stadt/Gemeinde einsetzbar.

5 6

S.	Baden-Württemberg	12 484
S.	Bayern	12 485
S.	Nordrhein-Westfalen	12 486
S.	Hessen	12 487
S.	Niedersachsen	12 488
S.	Rheinland-Pfalz & Saarland	12 489
S.	Schleswig-Holstein	12 490
S.	Sachsen	12 491
S.	Berlin	12 492
S.	Hamburg & Bremen	12 493
S.	Sachsen-Anhalt	12 494
S.	Thüringen	12 495
S.	Mecklenburg-Vorpommern	12 496
S.	Brandenburg	12 497

ab 11,99 €

Die Heimat kennenlernen!

Gabriela Rosenwald

Merktraining Deutschland, Europa & Welt

Unsere Heimat unter die Lupe genommen

Auf abwechslungsreiche und spannende Weise Wissen über Deutschland, Europa und die Welt vermitteln. Die Aufgabenblätter sind informativ und interessant ausgestaltet. Dabei können auch nur einzelne Elemente oder Kapitel im Unterricht Verwendung finden, zusätzliche Ideen regen zu weiteren Unterrichtsschritten an.

PDF plus

56 S.	Deutschland	11 403	ab 14,49 €
84 S.	Europa	11 344	ab 17,49 €
80 S.	Die Welt	11 404	ab 14,99 €

5 6

Claudia Eisenberg

Deutschland & Europa an Stationen

Selbstständiges Lernen rund um Deutschland und Europa. *Mittels abwechslungsreicher und ansprechender Stationen vermitteln die Bände wesentliche Kenntnisse über Deutschland bzw. den Kontinent Europa. Hierbei stehen verschiedenste Aufgabentypen in drei Niveaustufen zur Verfügung. Ihre Schüler erweitern ihren Horizont über das eigene und die Nachbarländern mit Spaß und Spannung!*

5 6 7 8 9 10

72 S.	Deutschland	12 018	ab 14,49 €
96 S.	Europa	12 019	ab 15,99 €

Claudia Eisenberg

Deutschland & Europa an Stationen

Selbstständiges Lernen rund um Deutschland und Europa. *Mittels abwechslungsreicher und ansprechender Stationen vermitteln die Bände wesentliche Kenntnisse über Deutschland bzw. den Kontinent Europa. Hierbei stehen verschiedenste Aufgabentypen in drei Niveaustufen zur Verfügung. Ihre Schüler erweitern ihren Horizont über das eigene und die Nachbarländern mit Spaß und Spannung!*

PDF plus

5 6 7 8

96 S.	Deutschland	10 826	ab 15,99 €
120 S.	Europa	10 827	ab 21,49 €

ni Kolvenbach

on den ALPEN bis zur KÜSTE

Lebensräume von den Alpen bis zur Küste zu erkunden ist vielfältig, llt aber im sonderpädagogischen Bereich für Kinder mit einer Lernbederung eine Besonderheit dar. Die räumliche Orientierung, sowie das chwissen wird auf anschauliche und leicht verständliche Weise schult.

5 6 7 8 9 10

32 Seiten	12 723	ab 11,99 €

Aa FÖ INK

Gabriela Rosenwald

Von den Alpen bis zur Küste

Unsere Heimat lässt sich nicht nur in Bundesländer aufteilen! Landschaften, Flüsse, Gebirge, Inseln, Orte und Geschichten regen zum Forschen & Entdecken an. ***Inhalt:*** *Alpen; Schweiz; Österreich; Alpenvorland; Dreiländereck; Donau; Rhein; Mittelgebirge; Niederrhein; Ruhrgebiet; Nordsee; Ostsee u.v.m.*

76 Seiten	11 581	ab 15,99 €

PDF plus

5 6

ni Kolvenbach

ir entdecken Deutschland

Bundesländer Deutschlands zu erkunden ist vielfältig, stellt aber im nderpädagogischen Bereich für Kinder mit einer Lernbehinderung eine sonderheit dar. Die räumliche Orientierung, sowie das Fachwissen zu jeweiligen Bundesländern wird auf anschauliche und leicht verndliche Weise geschult. Um auch hier nochmals zu differenzie, wurden die jeweiligen Themen in drei Niveaustufen unterteilt.

5 6 7 8 9 10

60 Seiten	12 604	ab 14,49 €

Aa FÖ INK

Gabriela Rosenwald

Die Alpen — Das Gebirgsmassiv unter der Lupe

Die Alpen genießen große Bedeutung als Erholungsraum. Neben diesem touristischen Aspekt bietet dieser Band interessante und spannende Informationen und Aufgabenstellungen zu Entstehung, Alpenstaaten, Bevölkerung, Vegetation, Tierwelt, Landwirtschaft, Klimadiagrammen, Naturkatastrophen, Naturparks und Tourismus.

80 Seiten	12 072	ab 16,49 €

PDF plus

5 6 7

iika Schmidt

ir entdecken Europa

NEU

Länder Mitteleuropas zu erkunden ist vielfältig, stellt aber im sonderdagogischen Bereich für Kinder mit einer Lernbehinderung eine Besonheit dar. Die räumliche Orientierung, sowie das Fachwissen zu den eiligen Staaten wird auf anschauliche und leicht verständliche ise geschult. Um auch hier nochmals zu differenzieren, wurden jeweiligen Themen in drei Niveaustufen unterteilt.

5 6 7 8 9 10

40 Seiten	13 033	ab 13,49 €

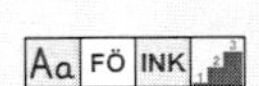

Aa FÖ INK

Andrea Schmidt

Wattenmeer — Zwischen Ebbe und Flut

Das Wattenmeer ist eine der fruchtbarsten Naturlandschaften der Welt. Mit einer Wasseroberfläche von etwa 10.000 km² ist es das größte Ökosystem seiner Art, ein riesiger Nationalpark und Heimat vieler Tiere. Als herausragende und schützenswerte Naturlandschaft zählt es zum UNESCO-Weltnaturerbe. Das Buch bietet einen faszinierenden Einblick in dieses Naturphänomen.

5 6 7 8

64 Seiten	12 016	ab 15,99 €

PDF plus

ry M. Forester

eutschlands Bundesländer

rn- und Legematerial mit Infos, Bildern & Karten

Bundesländer werden kreisförmig angelegt. Die Segmente der Kreisje werden entsprechend ihrem Bundesland zugeordnet. Sie enthalten der und Karten auf der einen Seite, interessante Textinformationen auf Rückseite. Das Material ist durch die ansprechenden Bilder und die senserweiternden Informationen vielfältig einsetzbar.

RBIG

80 Seiten	15 016	ab 23,49 €

Alle Stufen

Rudi Lütgeharm

Die deutsche Nordseeküste

NEU

Die einzelnen Kapitel vermitteln grundlegendes Wissen mit folgenden Schwerpunkten und knüpfen dabei an das Vorwissen der Schüler an:

Lage und Beschreibung der Nordseeküste / Küstenformen an der Nordsee / Nord- und Ostfriesische Inseln / Strand, Dünen und Watt / Ebbe und Flut / Küstenschutz und Deichbau / Nationalpark Wattenmeer / Deich, Buhnen, Hallig und Marsch werden ebenso erläutert, wie Nehrung oder Schorre.

5 6 7

48 Seiten	13 034	ab 13,49 €

Aa Grundschrift mit Sprechsilbenfärbung — FÖ Förderbedarf — INK Inklusion — BF Begabtenförderung — Lernen an Stationen — Arbeitsmaterial zur Differenzierung — Zusatzmaterial — Fächerübergreifend — PDF plus PDFplus

Klasse 5 6 7 8 9 10 11-13

Gesellschaftswissenschaften

Friedhelm Heitmann

Karten & Co

Kartenkenntnisse verständlich vermittelt

In diesem Band geht es um Kompetenz im Umgang mit geografischen Karten und anderen Hilfen zur räumlichen Orientierung wie Uhren, Kompasse, Navigationsgeräte ... Als Einstieg macht ein Luftbild neugierig auf die Karte daneben. Schritt um Schritt befassen wir uns dann damit, was verschiedene Kartentypen zeigen. Auskennen muss man sich mit Himmelsrichtungen, Farben, Höhenlinien, Symbolen, Gradnetz und Maßstäben, die wir auch umrechnen. ***Das Lesen von Karten ist der Schlüssel zur räumlichen Orientierung!***

PDF plus

64 S. | 12 446 | ab 14,49 € — 5 6 7

Friedhelm Heitmann

Geschichte unseres Planeten Er

Eine Reise durch 4,6 Milliarden Jahre

NE

Vor etwa 4,6 Milliarden Jahren entzündete sich das Material eines jungen Sterns. Die Sonne entstand, danach unser Sonnensystem und somit auch die Erde. Eine Wolke aus Gas und Staub for den Grundkörper und eine Verkettung unglaublic Zufälle ermöglichte das Leben auf der Erde. Wäre Erde lediglich 5 % näher an der Sonne, würde a Wasser verdampfen und Leben wäre nicht mögli

Wie konnte aus einem anfänglich lebensfeindlic Gesteinsbrocken, dessen Oberfläche aus glüh heißem Magma bestand, der uns bekannte blaue Planet werden? Dieser Frage gehen wir mithilfe einer spannenden Zeitreise durch die Erdgeschichte auf den Grund.

64 Seiten | 13 031 | ab 14,99 €

Rudi Lütgeharm

Maßstab verstehen & anwenden

Alltäglich „begegnen" wir bewusst oder unbewusst dem Thema „Maßstab". Abbildungen in Zeitschriften und Büchern, Darstellungen auf dem Computer, eine Straßen- oder Stadtplankarte, Ausschnitte auf dem Navigationsgerät und Routenplaner etc. Dieser Band zeigt mit anschaulichen Beispielen auf, wie man methodisch gut vom „Abbild" zum „Maßstab" übergehen und mit welchen Aufgaben der Maßstab selbst entdeckt werden kann.

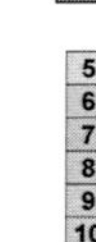

60 S. | 12 250 | ab 14,99 € — 5 6 7 8 9 10

Friedhelm Heitmann

Geografie der Meere

Dieses Werk ist sehr anschaulich und verständlich gestaltet, die darge tenen Themen faszinieren und prägen sich gut ein!

Inhalt: *Welt- und Nebenmeere; Wasserkreislauf; Wie wirken Ozeane ihre Strömungen sich auf das Weltklima aus?; Gezeiten; Tsunamis; Nahrungsquelle Ozean; Küsten & Küstenformen; Inseln u.v.m.*

80 Seiten | 11 322 | ab 14,99 €

Friedhelm Heitmann

Natur & Mensch

Naturkatastrophen, Klimawandel, Unser Einfluss aufs Ökosyste

Die Beziehung zwischen Natur und Mensch wird thematisiert und pro matisiert. Durch den Einfluss des Menschen auf die Erde ergeben ergeben sich zunehmend Probleme, womit sich der Band befasst.

64 Seiten | 12 397 | ab 14,49 €

Rudi Lütgeharm

Diagramme im Unterricht ... verstehen & darstellen

Dieser Band beschreibt praxisnah Balken-, Säulen-, Kreis- & Kurvendiagramme etc. und erläutert die Rechts- und Hochachse. Die Schüler werden durch vielfältige Übungen in die Lage versetzt, Zahlen in „Figuren" und einfache Diagramme wie Balken-, Säulen-, Kreis- & Kurvendiagramme anzufertigen. Mit Tipps und Hinweisen zur Erstellung und zur richtigen Auswahl von Diagrammen sowie Vorschläge für die Bewertung von Diagrammen.

52 Seiten | 12 269 | ab 14,49 € — 5 6 7 8 9 10

Andrea Schmidt

Tourismus im Wandel der Zeit

Welche Auswirkungen hat Tourismus auf die jeweilige Bevölkerung die Natur? Was hat der Massentourismus für Folgen? Das Werk erk verschiedene Arten von Tourismus, die damit verbundenen Proble wie z.B. Umweltzerstörung und Abhängigkeit und zeigt mögliche Lösungen auf.

64 Seiten | 12 243 | ab 14,99 €

Rudi Lütgeharm

Das Gradnetz der Erde

Kleinschrittige Einführung in das Gradnetz der Erde und genügend Übungsmaterial zur genauen Positionsbestimmung. Dabei wird anhand von Praxisbeispielen die Lage der Längen- und Breitengrade erklärt, der Umgang mit Karten geübt und Städte nach ihrer Position bestimmt sowie Positionen einzelnen Städten bestimmt. Praktische Aufgabenstellungen und ausführliche Erklärungen gewährleisten einen individuellen Einsatz.

40 Seiten | 12 217 | ab 12,49 € — 5 6 7 8 9 10

Friedhelm Heitmann

Stadt & Land Vom Dorf zur Mega-City

Lebensräume unter der Lupe

Die Oberfläche der Erde bestand ursprünglich aus Naturlandschaft Im Laufe der Zeit haben die Menschen mehr und mehr davon in Be genommen und nach eigenen Vorstellungen gestaltet. So entstand ländliche und städtische Siedlungen. Diese sind an vielen Stellen ra prägend.

64 Seiten | 11 433 | ab 14,99 €

Barbara Theuer

Vulkane Die Faszination der Feuer spuckenden Berge

Vulkanausbrüche faszinieren und lehren uns Respekt vor der Mächtigkeit der Natur. Sie bringen das Innere der Erde an die Oberfläche und führen uns damit zu Erkenntnissen über das Innere unseres Planeten. Fachübergreifend und spannend wird diesem Heft Wissen über Ursachen und Auswirkungen dieser Naturkatastrophen vermittelt. Als Ergänzung zum Unterricht, in Vertretungsstunden und in Projektwochen ist dieses Thema insbesondere für Schüler der Mittelstufe geeignet.

56 Seiten | 12 017 | ab 14,49 € — 5 6 7 8 9

Friedhelm Heitmann

Plattentektonik Vulkane, Erdbeben & Co

Die Bedeutung, Entstehung und Auswirkung dieser Naturgewalten w den hier anschaulich und verständlich erklärt. Die inneren und äuße Kräfte, die die Erdoberfläche formen, und der Zusammenhang von Na katastrophen und menschlichem Verhalten werden genauer betrachte

60 Seiten | 11 769 | ab 14,99 €

Rudi Lütgeharm

Gebirge & Berge der Erde

NEU

Merkmale und Besonderheiten der Gebirge und Berge sowie grundlegendes topographisches Wissen werden anschaulich vermittelt.

Aus dem Inhalt: Was ist ein Gebirge? / Was ist ein Berg? / Ausmaße von Gebirgen / Globale Bedeutung der Gebirge / Mittelgebirge und Hochgebirge / Gebirge weltweit auf den Kontinenten / Höchste Berge auf den Kontinenten / Unterschied zwischen Gebirge und Berg / Klimawandel und Gebirge/Berge u. v. m.

72 Seiten | 13 036 | ab 15,99 € — 5 6 7 8 9 10

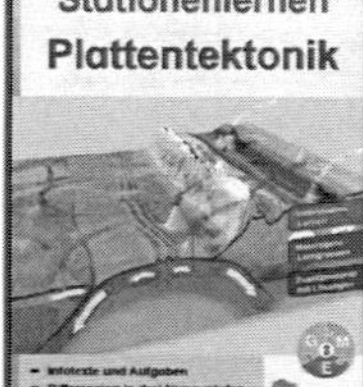

Tobias & Nik Vonderlehr

Stationenlernen Plattentektonik

Kontinentalplatten schieben sich langsam gegeneinander. Dabei kommt zu den spannenden Phänomenen wie Auffaltung von Gebirgen, Erhebu von Inseln, Entstehung von immer wieder aufbrechenden Vulkanen u als Höhepunkt den Erdbeben. Dieses hier in Stationen aufbereitete dy mische Thema ist so sicher leicht zu vermitteln.

48 Seiten | 12 332 | ab 13,49 €